Christoph Hein

Unterm Staub der Zeit

Roman

Suhrkamp

Die Liedzeile aus »Pack die Badehose ein« auf Seite 26 stammt von
Conny Froboess, Text: Hans Bradtke, Musik: Gerhard Froboess.

Die Liedzeile aus »Rock-a-Beatin' Boogie« auf Seite 110 stammt von
Arrett Rusty Keefer, Bill Haley und Ruth Edna Keefer,
die Liedzeilen aus »Shake, Rattle and Roll« auf Seite 110 von Charles Calhoun.

Klimaneutral
Druckprodukt
ClimatePartner.com/14438-2110-1001

Erste Auflage 2023
Originalausgabe
© Suhrkamp Verlag AG, Berlin, 2023
Alle Rechte vorbehalten.
Wir behalten uns auch eine Nutzung des Werks für Text
und Data Mining im Sinne von § 44b UrhG vor.
Umschlaggestaltung: Rothfos & Gabler, Hamburg
Umschlagfotos: mauritius images / Trinity Mirror / Mirrorpix / Alamy / Alamy Stock
Photos (Jugendliche), ullstein bild / ullstein bild (Gebäude)
Satz: Satz-Offizin Hümmer GmbH, Waldbüttelbrunn
Druck: CPI books GmbH, Leck
Printed in Germany
ISBN 978-3-518-43112-2

www.suhrkamp.de

SV

Unterm Staub der Zeit

I Antío patrída

Ende August, am letzten Sonnabend des Monats, brachte Vater mich nach Berlin. Ich hatte einen Koffer und eine Schultasche mit meinen Sachen gepackt, neben ein paar Wörterbüchern waren es hauptsächlich Kleidungsstücke, Hosen und Hemden, etwas Unterwäsche und die noch einigermaßen brauchbaren Socken. Mutter hatte mich gedrängt, auch den dicken Pullover für den Winter einzupacken, sie würden mich zwar bald besuchen kommen, aber ich solle so viel wie möglich mitnehmen, um anständig gekleidet zu sein und nicht zu frieren.

Anständig – das war eins der wichtigsten Worte meiner Kindheit, meine Geschwister und ich bekamen nahezu täglich zu hören, wir sollten anständig sein und höflich. Wir hatten uns anständig aufzuführen, mussten anständig gekleidet sein und uns in der Öffentlichkeit und gegenüber den Erwachsenen anständig verhalten. Es gab feste Regeln beim Grüßen der Bekannten und unumstößliche Festlegungen für unseren Haarschnitt. Die Eltern ermahnten uns, uns nicht »wie die Zigeuner aufzuführen« und nicht »wie die Hottentotten« herumzulaufen. Bei einem Riss im Hemd oder gar in der Hose wurde man selbst von den Mitschülern und Freunden ausgelacht. Und in Westberlin sollte ich mich besonders anständig verhalten. Ich hatte den fertig gepackten Koffer für Mutter noch einmal zu öffnen, damit sie kontrollieren konnte, was ich mitnahm.

Als ich den Koffer und die neue Schultasche, die ich zur Konfirmation im letzten Jahr erhalten hatte, ins Auto stellte, beschwerten sich meine beiden jüngeren Geschwister, weil sie nicht mitkommen durften. Es seien schließlich Ferien, und da wollten sie gern einmal ihren Bruder David wiedersehen und sich Westberlin anschauen, aber Vater schüttelte den Kopf. Das sei keine Vergnügungsreise, sondern ein Abschied.

Mutter küsste mich, als ich in das Auto steigen wollte, und steckte mir eine Tafel Schokolade in die Jackentasche. Nach einer schroffen Aufforderung von ihr winkten mir meine Geschwister desinteressiert einen Abschiedsgruß zu. Sie waren noch immer verärgert, dass sie nicht mitfahren durften.

Da ich mit viel Gepäck nach Westberlin wollte, entschied Vater, nicht direkt nach Berlin zu fahren, sondern zuerst nach Potsdam und von dort aus weiter mit der S-Bahn. Noch bevor wir die Stadt erreichten, gab es eine Polizeikontrolle, Vater musste aussteigen und Fragen beantworten, den Kofferraum hatte er nicht zu öffnen. Am Potsdamer Bahnhof setzte er mich mit meinem Gepäck ab, er wolle das Auto auf dem Hof des Landesjugendpfarramts abstellen, wo es sicher sei. Er gab mir Geld und sagte, ich solle für uns Fahrkarten kaufen, eine einfache für mich und für ihn eine Rückfahrkarte, dann solle ich auf den Bahnsteig gehen und dort auf ihn warten.

Als Vater erschien, nahm er meinen Koffer auf, und wir stiegen in einen Waggon der bereitstehenden Stadtbahn. An der zweiten Station stiegen zwei Uniformierte ein und gingen durch den am späten Vormittag fast leeren Wagen. Sie ließen sich die Ausweise der Passagiere zeigen, an uns gingen sie vorbei, doch plötzlich kamen sie zurück, stellten sich vor uns und forderten barsch unsere Papiere. Mein Ausweis steckte in einer Schutzhülle, er war nigelnagelneu, ich hatte ihn erst vor vier Monaten bekommen.

Die Polizisten wollten wissen, wohin wir fuhren. Vater sagte, dass er mich nach Weißensee bringe, wo ich in den nächsten Jahren bei seiner Schwester wohnen werde, um in diesem Stadtbezirk die Oberschule zu besuchen. Daheim in Guldenberg, wo wir lebten, gebe es keine weiterführende Schule.

Der pockennarbige Polizist behielt unsere Personaldokumente in der Hand. Als der Zug die nächste Bahnstation erreichte, forderte er uns auf, das Gepäck aufzunehmen und ihn zwecks einer Personenkontrolle zu begleiten. Die Polizisten stiegen aus und warteten an der geöffneten Tür, bis Vater und ich mit Koffer und Tasche auf dem Bahnsteig standen. Aus jedem der Waggons waren Polizisten gekommen, die nun bis zur Weiterfahrt der Bahn an den Türen stehen blieben.

Außer uns mussten noch vier andere Leute aussteigen, auch sie hatten Gepäck bei sich. Nach der Abfahrt der Bahn führten die Grenzpolizisten uns in eine Baracke und forderten uns auf, Koffer und Tasche zu öffnen und den Inhalt auf dem Tisch auszubreiten. Vater und ich stapelten meine Kleidung und Wäsche sehr sorgsam auf die Metallplatte, um sie danach wieder mühelos einräumen zu können. Der Pockennarbige stand neben uns und betrachtete abschätzig meine Kleidungsstücke, die Wörterbücher nahm er in die Hand.

»Griechisch! Lateinisch!«, sagte er belustigt, »wer braucht denn das noch?«

»Wenn Sie Medizin studieren wollen, müssen Sie Latein lernen«, erwiderte Vater, »und Griechisch und Hebräisch, da gibt es auch noch Berufe, wo man diese alten Sprachen beherrschen muss.«

»Die Pfaffen vermutlich«, sagte er grinsend.

»Gewiss, Pfarrer, Historiker, Altertumsforscher, Linguisten. Es gibt einige Berufe, wo man die historischen Sprachen, die sogenannten toten Sprachen, benötigt.«

»Aha. Na, danke schön für die Belehrung, da bin ich jetzt richtig schlau geworden. Aber ich sehe, ein sowjetisches Wörterbuch haben Sie auch dabei. Mit der Sprache wird der Junge mehr anfangen können.«

»Ein sowjetisches Wörterbuch? Was soll das denn sein?«

»Na das hier. Oder was ist das?«

»Das ist ein russisches Wörterbuch. Russisch ist eine Sprache, aber von einer sowjetischen Sprache habe ich noch nie etwas gehört.«

Der Polizist starrte meinen Vater überrascht an, seine Pockennarben verfärbten sich rötlich. Er kniff die Augen leicht zusammen und schaute sekundenlang schweigend auf Vater. Mehrmals klopfte er mit unseren Ausweisen in der linken Hand auf den rechten Daumen.

Dann fragte er knapp nach der Adresse der Oberschule in Weißensee, die ich besuchen würde, und nach der Adresse meiner Tante, notierte sich aber nichts.

»Packen Sie alles ein und gehen Sie. Na los«, raunzte er uns schließlich an, gab uns die Ausweise zurück und ging zu seinen Kollegen.

Wir mussten auf dem Bahnsteig warten, bis der nächste Zug kam. Als eine Bahn aus der Gegenrichtung eintraf, die nach Potsdam fuhr, standen die Polizisten aufgereiht das ganze Gleis entlang und stiegen, wiederum immer zu zweit, in alle Waggons ein, um die aus Westberlin kommenden Reisenden zu überprüfen.

Als unsere Bahn kam und wir eingestiegen waren, sagte Vater: »Ein sowjetisches Wörterbuch! Was für ein Idiot!«

»Du hast ihn sehr wütend gemacht. Ich dachte schon, er würde uns verhaften.«

»Verhaften? Ach was, Junge, da hätte er sich noch lächerlicher gemacht.«

10

Dann lachte er laut auf und sagte: »Wir haben ihm was beigebracht, Daniel. Das war Volksaufklärung, also das, was der Staat will und was diejenigen, die dazu in der Lage sind, zu leisten haben. Jetzt hat dieser kleine Idiot etwas zum Nachdenken bekommen, nun weiß er, dass es eine russische Sprache, aber keine sowjetische gibt, so wie es russische Menschen gibt, aber keine sowjetischen. Denn der Sowjet, das ist lediglich die russische Staatsform, das Parlament. Also das, was in England das Unterhaus ist. Wir nennen darum die Engländer ja nicht Unterhäusler. Oder?«

»Holt David uns am Bahnhof ab?«

»Nein. Er weiß doch nicht, wann wir ankommen. Wir sehen ihn im Internat.«

Wir fuhren bis zur Station Grunewald, dann liefen wir die Hagenstraße bis zur Kronberger, wo das Schülerheim stand, in dem ich die nächsten fünf Jahre wohnen sollte. Auf dem Weg dorthin blieben wir ab und zu stehen, damit wir das Gepäck abstellen und die prächtigen Villen bewundern konnten. Es waren zwei- und dreistöckige Häuser, manchmal stand ein Name an der Gartentür, doch an den meisten Grundstücken war nur eine Hausnummer zu sehen.

»Hier wohnen nur reiche Leute«, sagte ich zu Vater, als wir vor einer Villa mit stuckverzierter Fassade eine Pause machten.

»Ja«, sagte er lächelnd, »und nun gehörst du auch dazu.«

Er legte seine rechte Hand auf meine Schulter.

»Ja, Daniel«, sagte er, »jetzt gehörst du dazu. Endlich. Im Schülerheim wirst du endlich unter deinesgleichen sein. Anders als daheim. Aus Schlesien wurden wir vertrieben, und in Guldenberg blieben wir bis heute die Fremden, die nicht dazugehören. Du hast es ja selbst erlebt, sie wollen uns dort nicht. Wir waren und sind die unerwünschten Flüchtlinge. Hinzu kam noch mein Beruf, weshalb man dir und David den Besuch einer Oberschule verweigerte. Wir gehörten nicht dazu. Und das ist für David und dich nun vorbei. Hier seid ihr keine Außenseiter mehr, hier seid ihr willkommen. Du hast großes Glück, dass du hier auf die Schule gehen darfst. Mutter und ich sind sehr erleichtert, euch zwei hier zu wissen.«

Ich nickte, war aber beklommen. Dazuzugehören, willkommen zu sein, das würde für mich überraschend und neu sein, und ich wusste nicht, wie ich damit zurechtkommen würde. Für Vater war das wichtig, er wollte nie klein beigeben, obwohl es uns, seinen Kindern, dann in der Schule vermutlich leichter gefallen wäre, wir vielleicht sogar akzeptiert worden wären. Aber nein, Vater wollte nie verschweigen, dass seine wahre Heimat Schlesien war und dass er, ob es dem Staat und den örtlichen Behörden passte oder nicht, die Aufgabe habe, Gottes Wort zu verkünden, auch und gerade in einem Staat, der den Atheismus als neues Glaubensbekenntnis predigte. Daheim beschimpften mich Schulkameraden als »Polacke«, weil Breslau und der ganze Landkreis inzwischen zu Polen gehörten. Und für andere war ich »der Pfaffe«, weil mein Vater Pfarrer war.

Und nun sollte das aufhören? Ich sollte dazugehören? Willkommen sein?

Ich wusste nicht, was ich meinem Vater antworten sollte und nickte daher nur.

Als wir am Internat ankamen, erschien David bereits im Eingang, er hatte uns wohl durch die großen Fenster der Diele gesehen. Er umarmte Vater, mich begrüßte er mit einem Schlag auf die Schulter, dann griff er nach dem Koffer und sagte, er bringe uns gleich in das Büro von Sybelius, dem Leiter des Internats.

Wir liefen ihm hinterher. In der großen Diele der Villa reihten sich mehrere Sitzbänke aneinander, auf denen einige Schüler saßen, und rund um den Billardtisch standen fünf mit Queues über die grün bespannte Spielfläche gebeugt. Sie sahen kurz auf, murmelten einen Gruß und beachteten uns nicht weiter.

Als wir das Büro von Pfarrer Sybelius betraten, stand dieser auf und kam uns entgegen. Er begrüßte Vater sehr herzlich, er sprach ihn als Amtsbruder an, mir gab er die Hand, dann bat er uns, Platz zu nehmen. Zu David sagte er, er möge Fräulein Rothermund bitten, zu ihm zu kommen.

»Nun, Daniel, seien Sie willkommen«, sagte er zu mir, »Sie werden die nächsten Jahre bei uns wohnen, und ich hoffe, wir werden uns gut verstehen. Sie werden hier das Gymnasium besuchen, das altsprachliche, wie ich gelesen habe. Es ist eins der besten Gymnasien von ganz Berlin, nein, natürlich nur von ganz Westberlin. Ich weiß gar nicht, ob es im Osten noch altsprachliche Gymnasien gibt. – Ah, da kommt Fräulein Rothermund, unsere Hausdame, der gute Geist und die Seele unseres Hauses. – Liebes Fräulein Rothermund, hier ist unser Neuzugang, der Daniel, der Bruder von unserem David. Bitte zeigen Sie ihm sein Zimmer, ich habe noch mit seinem Vater das eine und andere zu bereden. – Daniel, Ihr Gepäck können Sie gleich mitnehmen. Wir sehen uns beim Mittagessen.«

David griff nach dem Koffer, ich nahm die Tasche, und wir folgten der Wirtschafterin, die von einem der Tische im Flur einen Stapel Bettwäsche mitnahm.

»Komme ich in dein Zimmer?«, fragte ich meinen Bruder.

Er schüttelte den Kopf: »Nein, wir werden hier nach Jahrgängen untergebracht. Du bist vorläufig Untertertia, und ich bin schon Obersekunda.«

»Ich werde Sie im Schrankzimmer unterbringen, Daniel«,

sagte die Wirtschafterin, die meine Frage gehört hatte, »das ist unser einziges Zimmer mit einem Balkon. Sie werden dort mit fünf anderen Schülern wohnen.«

»In einem Sechs-Mann-Zimmer?«, fragte ich. Der Raum, dachte ich ein wenig fassungslos, muss ja winzig sein, wenn er Schrankzimmer heißt.

»Ja. In einem Internat geht das nicht anders. Die jüngeren Schüler werden in den größeren Mehrbettzimmern untergebracht, die höheren Jahrgänge kommen in Zwei-Mann-Zimmer und für drei Abiturienten haben wir sogar Einzelzimmer. In drei, vier Jahren können Sie vielleicht auch ein Zimmer ganz für sich beziehen. – So, da wären wir. Das ist das Schrankzimmer.«

Sie klopfte kurz an, öffnete die Zimmertür und ging vor uns hinein. An drei der sechs Tische saßen Jungen meines Alters über Bücher und Hefte gebeugt. Als wir eintraten, sahen alle drei auf und musterten mich und mein Gepäck.

»Guten Tag, die Herren, das ist Daniel, euer neuer Zimmergenosse. Er kommt aus einer Kleinstadt in Sachsen, und er wird wie ihr hier das Abitur machen, weil ihm das daheim verwehrt wurde. Damit kennt ihr euch ja besser aus als ich.«

Sie wandte sich an mich: »Rechts, das ist Albert, neben ihm sitzt Friederich, und am hinteren Tisch, das ist Sebastian. Macht euch miteinander bekannt. Das untere Bett ist noch nicht belegt, das ist Ihres, Daniel. Ich lege Ihnen die Bettwäsche aufs Bett, Sie werden es selbst beziehen. Ihre Zimmerkameraden können Ihnen sagen, welcher Schrank und welcher Schreibtisch frei sind. Ich glaube, der Tisch rechts ist noch nicht belegt. Wir sehen uns beim Mittagessen.« Sie verließ den Raum, Sebastian sagte: »Ich habe dort nur ein paar Bücher abgelegt, aber die räume ich gleich weg.«

Der Junge stand auf und griff nach den Büchern auf der

Tischfläche, die nun mein Schreibtisch sein sollte. Ich war mit meiner Tasche an der Tür stehen geblieben, wo David den Koffer abgestellt hatte und dann verschwunden war, und sah mir den Raum an, mein neues Zuhause. Ich verstand nun, warum dieser Raum Schrankzimmer genannt wurde, denn von der Fensterfront abgesehen, bestanden die Wände vollständig aus Wandschränken. Auch die Tür, durch die wir eben gekommen waren, war den Schranktüren angepasst und ließ sich nicht von diesen unterscheiden. Auf den ersten Blick wusste man nicht, wo es hinausging und welche Tür lediglich einen Schrank öffnete.

Zwei große Fenster und eine Balkontür gingen auf den Garten hinaus, beherrscht aber wurde das Zimmer von den sechs Tischen und den drei Doppelstockbetten. Der Raum war groß, sogar sehr groß, aber durch die Tische und Betten wirkte alles beengt, er erschien mir wie eine vollgestellte Kammer, in der man kaum drei Schritte geradeaus gehen konnte.

Ich sah zu meinen neuen Zimmergenossen.

»Guten Tag«, sagte ich.

Sie sahen kurz auf, nickten knapp und beugten sich wieder über ihre Schulbücher. Einer von ihnen, den die Wirtschafterin als Sebastian angesprochen hatte, hatte mich etwas länger betrachtet und dann freundlich gelächelt.

»Ja, dann werde ich mich mal hier einrichten. Welcher von den vielen Schränken ist noch nicht belegt?«

Ohne aufzusehen, sagte Albert: »Da, wo kein Schloss dranhängt, die sind alle noch frei.«

»Danke.«

Ich legte meinen Koffer aufs Bett, öffnete ihn und verstaute meine Sachen in einem der freien Schränke. Zwischendurch versuchte ich, mit den anderen ins Gespräch zu kommen.

»Ich gehe zum Gymnasium in der Salzbrunner, ich komme in die Obertertia. Seid ihr auch dort?«

»Ja«, sagte Sebastian. Er legte das Buch beiseite und sah zu mir.

»Ich bin seit diesem Jahr auch auf dieser Penne«, sagte er, »ich bin auch Tertia. Bis Ostern sind wir aber noch ein halbes Jahr Untertertia. Hier fängt das Schuljahr nämlich Ostern an, also machen wir bis Ostern eine verkürzte Untertertia, das ist in Wahrheit unser Probehalbjahr. Aber das geht in Ordnung, denn wir müssen in Latein und Griechisch zwei Jahre aufholen. Du kommst in meine Klasse, wie ich hörte. Allerdings hat die Schule schon vor einer Woche angefangen.«

»Ich weiß. Mein Bruder hatte uns das geschrieben, aber der Brief kam nicht rechtzeitig an. Mein Vater wusste es nicht, man hatte ihn falsch informiert.«

»Viel hast du nicht verpasst, nur die Stadtbesichtigung mit Sybelius. Am Samstag hat er uns Neue zu einer Fahrt in die Stadt eingeladen. Wir fuhren zum Zoo, sahen dort im Filmpalast *Die Trappfamilie in Amerika*, das ist so ein christlicher Hollywood-Schinken, und dann gab es für uns eine Erbsensuppe bei *Aschinger*. Dann ging es mit dem 19er-Bus zurück. Wir saßen auf dem Oberdeck des Busses und er zeigte uns ein paar Besonderheiten, also berühmte Gebäude und Kulturdenkmale. Unvergesslich von dem Tag ist mir nur ein Satz von ihm. Er sagte, wir sollten nicht denken, dass wir im Gymnasium und im Internat aufgenommen wurden, um Bananen zu essen.«

»Und was ist mit der Schule? Habe ich da viel verpasst, Sebastian?«

»Ach, alles machbar. Aber nenn mich Basti, das machen alle. Latein und Griechisch, da haben wir echt zu tun. Der A- und der B-Zweig haben das ja schon seit der Quinta und Quarta, die sind uns Jahre voraus, das haben wir bis zum Abi aufzuholen. Dafür ist Mathe kinderleicht, da hängen die hier hinterher.«

»Sind Griechisch und Latein die Hauptfächer?«

»Nein, das Hauptfach, das habe ich in der ersten Woche mitbekommen, das Hauptfach hier ist Beten. Hier wird im Heim vor dem Frühstück und zu jeder Mahlzeit gebetet, Tag für Tag, und sonntags sowieso. Im Gymnasium gibt's vor jedem Schulbeginn frühmorgens ein Gebet, auch dann, wenn wir in der ersten Stunde Russisch haben. Diese Penne gilt ja als außerordentlich, sie ist angeblich die beste von ganz Berlin, aber ich denke, wer an dieser Schule gut beten kann, kommt auch so durchs Abitur.«

»Wir haben also wirklich Russisch? Hier in Westberlin? Mein Bruder sagte es mir, darum habe ich mein russisches Wörterbuch mitgenommen.«

»Jaja, alle vom C-Zweig haben Russisch, weil wir damit drüben, *in patrída*, der Heimat, schon angefangen haben.«

»Und was ist mit den Büchern? Bekommen wir die von der Schule?«

»Ja, du bekommst sie morgen von unserer Klassenlehrerin, die heißt Marmarschke. Fräulein Marmarschke, und genauso ist sie. Die haben wir in Deutsch und Englisch.«

»Wie ist diese Marmarschke?«

»Marmarschke! Geht so. Etwas etepetete, aber ganz in Ordnung. Die Bücher bekommst du übrigens kostenlos, sind aber alle bereits benutzt. Alles Wichtige ist schon angestrichen, und bei den Latein- und Griechisch-Texten ist bei den schwierigen Vokabeln schon die Übersetzung hingekrakelt. Wie du siehst, hat alles seine Vor- und Nachteile.«

»Kann ich mir deine Bücher einmal ansehen?«

»Bitte. Das sind die hier«, sagte Sebastian und wies auf den kleinen Stapel auf seinem Schreibtisch.

Als ich mir das erste Buch nahm, schrillte eine Klingel.

»Mittag«, sagte er und stand auf, »komm, wir gehen essen.«

Der Speiseraum war im unteren Geschoss des Hauses, in dem ausgebauten Keller, wo sich auch die Küche und die Vorratskammern befanden. Fünf lange, blank gescheuerte Holztische, an denen mehr als vierzig Stühle standen, füllten den Raum. Auf jedem der Tische standen zwei große Schüsseln mit einem rötlichen Fruchtquark, zwei Stapel kleiner Glasschälchen und ein Keramiktopf mit Besteck, und vor jedem Sitzplatz lag eine einzelne Tomate. Aus allen Zimmern waren Jungen gekommen, Schüler der verschiedenen Schuljahrgänge von der Untertertia bis zur Oberprima. Wie ich kamen alle aus dem Osten, wo sie keine Oberschule besuchen durften, wie mir mein Vater erklärt hatte, weil sie aus Elternhäusern stammten, die der ostdeutsche Staat nicht fördern wollte, die Söhne von Ärzten und Pfarrern, die »Kinder der Intelligenz«, wie es in den Zeitungen hieß. Der Staat verweigerte ihnen den Zugang zum Abitur, und förderte stattdessen diejenigen, die bisher benachteiligt waren, die Kinder der Arbeiter, des Proletariats.

Ich stellte mich mit Sebastian in die Schlange vor der Essensausgabe, um einen Teller mit Kartoffeln und Königsberger Klopsen entgegenzunehmen. Die Frau, die die Teller auffüllte und durch die geöffnete Klappe reichte, war wohl die Köchin, sie war klein und sehr dünn und sicherlich schon sechzig Jahre alt. Sie schaute mich an und sagte sehr freundlich: »Ach, ein neues Gesicht. Du bist heute den ersten Tag bei uns, nicht wahr?«

»Ja. Ich heiße Daniel.«

»Schön, Daniel, dann lass es dir schmecken.«

Sie sprach einen unüberhörbaren ostpreußischen Dialekt und war, von den Mitschülern abgesehen, bisher die einzige der Erwachsenen im Internat, die mich duzte.

Als ich mich neben Sebastian setzen wollte, meinte er, ich würde mich heute gewiss zu Sybelius, den Internatsleiter, zu setzen haben.

»Er wird dich vorstellen, das macht er bei allen Neuen.«

Im selben Moment erschien Sybelius mit Fräulein Rothermund, meinem Vater und David. Sie gingen zu dem fünften Tisch, der quer zu den anderen stand. Vater rief mich zu sich. Ich ging mit meinem Teller zu ihm, und er sagte, wir beide würden heute mit David bei Pfarrer Sybelius sitzen, man würde mir später meinen Sitzplatz zuweisen.

Als wir uns setzten, kamen Fräulein Rothermund und David von der Küchenklappe mit vier Tellern zurück, von denen sie einen vor Vater auf den Tisch stellten, einen zweiten vor Herrn Sybelius, dann setzten auch sie sich.

Sybelius stand auf, räusperte sich zweimal, und als Ruhe eingekehrt war, sagte er: »Ich darf euch einen neuen Schüler vorstellen. Das hier ist Daniel, er wird das Evangelische Gymnasium besuchen, und ihr werdet ihm helfen, sich bei uns einzuleben. Sein Vater hat ihn begleitet, er ist ein Amtsbruder von mir, und ich bitte ihn, heute das Tischgebet zu sprechen.«

Er setzte sich, Vater stand auf und sprach den Mittagssegen. Als er sich wieder hinsetzte, konnten endlich alle essen. Das Besteck klirrte, und meine Mitschüler unterhielten sich leise.

Ich saß zwischen Vater und Herrn Sybelius. Sie sprachen über die aktuelle Situation in Ungarn und den Kardinal József Mindszenty, der seit zwei Jahren in der amerikanischen Botschaft in Budapest lebte, wo er Asyl erhalten hatte. Dann erzählte uns Sybelius, dass er fünf Jahre in den Vereinigten Staaten gearbeitet habe, in Colorado Springs, als Seelsorger in einer großen Behinderteneinrichtung von World Vision, einer internationalen evangelikalen Hilfsorganisation.

»Es war fast ein eigenes Dorf«, erzählte er, »zwölf Häuser, eine eigene Bäckerei, Gärtnerei und Großküche.«

Sybelius wies auf das Abzeichen an seinem Revers, ein kleines silbernes Kreuz auf einer Kugel.

»Das ist das Zeichen der Organisation World Vision, und ich trage es seit der Zeit, als ich dort gearbeitet habe, da mich diese Einrichtung und das Engagement der Evangelikalen überaus beeindruckt hat. Seit meiner Rückkehr in die Heimat bemühe ich mich, auch hier bei uns eine vergleichbare Einrichtung aufzubauen.«

Dann wandte er sich an mich und fragte nach meinen Interessen und ob ich meinem Vater folgen und gleichfalls Pfarrer werden wolle.

»Das weiß ich nicht«, sagte ich, »am liebsten würde ich etwas mit Musik machen.«

»Spielen Sie ein Instrument?«

»Ja, Klavier und Flügelhorn, aber nicht sehr gut. Ich habe zu spät angefangen, sagte meine Klavierlehrerin.«

»Ja, das ist wie mit den Sprachen«, sagte Sybelius, »je später man damit anfängt, desto schwieriger wird es.«

An den anderen Tischen wurde die Unterhaltung lauter, alle Schüler waren mit dem Essen fertig, sie hatten den Quark gegessen und die Tomate und warteten darauf, dass Sybelius endlich die Mahlzeit beendete.

Nachdem auch er seine Nachspeise gegessen hatte, stand er auf und sprach ein kurzes Dankgebet. Im nächsten Moment setzte lautes Stühlerücken ein, sämtliche Jungen standen auf und eilten in ihre Zimmer, nur fünf von ihnen blieben zurück, sie waren offenbar zum Tischdienst eingeteilt und räumten das Geschirr und Besteck zusammen, um es in die Spülküche zu bringen.

Vater verabschiedete sich von Sybelius und bat mich, ihm vor seiner Heimreise mein Zimmer zu zeigen. Ich ging ihm voraus und öffnete die Tür, es waren vier meiner Mitbewohner im Zimmer. Sie saßen an ihren Tischen, zwei von ihnen standen auf, als sie uns sahen.

»Das ist mein Vater«, sagte ich, »und das ist das Zimmer. Das Bett dort hinten ist meins, das untere, ich muss es noch beziehen. Und das ist mein Schreibtisch.«

Vater warf nur einen kurzen Blick auf Bett und Tisch, dann wandte er sich an meine Mitschüler.

»Es freut mich, Sie kennenzulernen. Ich hoffe, Sie werden sich mit meinem Daniel verstehen. Ich wünsche Ihnen allen ein gutes Schuljahr und dass Sie sich in dieser großen und für Sie neuen Stadt bald und gut einleben.«

Alle lächelten etwas verlegen, aber keiner sagte etwas.

»Dann werde ich mich auf den Heimweg machen. Begleitest du mich mit David bis zur S-Bahn?«

»Natürlich.«

Vater bestand darauf, noch einmal in den Küchentrakt zu gehen, er wollte sich auch von Fräulein Rothermund verabschieden.

Ich ging in Davids Zimmer, um ihm Bescheid zu sagen. Er zog sich eine Jacke über und kam mit mir in die geräumige Diele des Internats, wo wir auf Vater warten sollten.

Auf der Straße legte Vater mir den Arm um die Schulter.

»Hier bist du gut aufgehoben. Ich habe einen guten Eindruck von deinen Kameraden. Herr Sybelius und Fräulein Rothermund werden acht auf dich geben, wir kennen sie ja schon von David. Du wirst aber natürlich mehr auf dich gestellt sein als daheim und schneller selbständig werden müssen. Das wird nicht immer einfach. Wenn du Heimweh bekommst, dann schreib Mutter und mir. Wenn man einen langen Brief an die Eltern schreibt, das kann bei Heimweh helfen.«

Ich lächelte beklommen, doch er sah mich aufmunternd an.

»Es sind nicht die Dümmsten, die hier gelandet sind, Daniel«, sagte er, »es sind ja vor allem Söhne von Pfarrern und Ärzten, aus gebildeten Familien. Da ist von vornherein ein ganz anderes Niveau da. Da bist du in eine Gemeinschaft gekommen, der ich dich sorglos anvertrauen kann. Und David wird dir auch beistehen. Nicht wahr, David?«

David nickte, er war wohl nicht allzu erfreut, dass sein jüngerer Bruder jetzt auch in das Internat gekommen war.

Wir begleiteten Vater noch bis zum Bahnsteig und warteten mit ihm, bis die S-Bahn nach Potsdam einfuhr.

Auf dem Rückweg ins Heim erklärte mir mein Bruder ein paar der Gepflogenheiten und Rituale im Heim und zählte die Schulgesetze im Gymnasium auf. Ich fragte ihn, wie die Schüler der Ostklassen, des C-Zweiges, mit den Westberliner Schülern auskommen. Er meinte gleichmütig, sie hätten mit denen keinen Kontakt.

»Man übersieht sich, verstehst du«, sagte er und grinste, »für die sind wir die Russen.«

»Dann gehören wir wieder einmal nicht dazu?«

»Wer will schon dazugehören!«

»Dann ist es wie daheim?«

»Nein, es gibt einen mächtigen Unterschied. Hier sind wir keine Einzelkämpfer, hier ist es der ganze C-Zweig.«

Er schwieg einen Moment und fuhr dann fort: »Aber was auch passiert, beschwer dich nicht. Über nichts! Niemals! Das ist eine feste Regel im C-Zweig, ein eherner Grundsatz. Und vor allem darfst du dich über nichts bei den Eltern beklagen, das bringt gar nichts. Die kommen dann aufgeregt nach Berlin gefahren, reden mit Sybelius oder mit Herrn Seeger, unserem Schuldirektor, und das war's dann. Ändern tut sich nichts.«

So überraschend und neu, wie Vater meinte, würde es wohl in Westberlin für mich nicht werden, aber hier gab es immerhin meine Klassenkameraden, die wie ich im Internat wohnten und aus dem Osten kamen.

Als wir unsere Straße erreichten, sagte er noch, dass alle Schüler nach Jahrgängen getrennt untergebracht seien und dass man auch in der Freizeit im Internat und in den Schulpausen im Gymnasium unter sich bliebe. Da er mir das schon zweimal gesagt hatte, grinste ich und sagte: »Ich hab verstanden, David. Abstand ist angesagt. Ich werde dir nicht auf die Nerven gehen.«

Die Schüler in meinem Zimmer kannte er nicht, sie seien alle erst vor ein paar Tagen eingetroffen, nur Sebastian sei schon ein paar Monate da, weil er Hals über Kopf fliehen musste, noch bevor er die achte Klasse in seiner Heimatstadt beenden konnte.

»Genaues weiß ich nicht. Da musst du ihn selbst fragen.«

»Und was macht ihr abends?«

»Jeder, was er will. Der eine paukt noch Vokabeln, andere lesen etwas. Billard wird viel gespielt. Ein paar von uns verdienen sich ein paar Mark dazu?«

»Du auch? Womit denn?«

»Am einfachsten ist es, bei der Zeitung unterzukommen, das mache ich auch. Da ziehst du mit den Abendblättern durch die Kneipen und versuchst, sie loszuwerden. Bei der Zeitung kann jeder anfangen, die zahlen aber nur ein paar Pfennige. – So, da wären wir wieder. Ich geh auf mein Zimmer. Wenn es etwas Wichtiges gibt, kannst du mich stören. Aber bitte nicht wegen jeder Kleinigkeit.«

»Verstehe.«

»Man sieht sich beim Abendessen. Antío!«

»Was meinst du?«

»Antío! Das ist griechisch. Heißt so viel wie tschüss, auf Wiedersehen, tschau.«

»Ah ja. Antío, David.«

II »Pack die Badehose ein«

Als ich vom S-Bahnhof zurückkam, saß in unserem Zimmer nur noch Sebastian. Albert, Helmuth und Friederich waren verschwunden und auch von dem sechsten Zimmergenossen war nichts zu sehen. Ich packte die restlichen Sachen aus meinem Koffer aus und verstaute alles im Schrank, den leeren Koffer wollte ich unter mein Bett schieben, doch Sebastian sagte, auf der obersten Etage des Hauses gebe es einen Abstellraum für Koffer und größere Taschen.

Ich bezog mein Bett, wobei ich mir schmerzhaft den Kopf am Lattenrost des oberen Bettes stieß. Dann setzte ich mich auf den Stuhl vor meinem Schreibtisch und packte meine Tasche aus. Die Wörterbücher stellte ich auf den hinteren Rand der Arbeitsplatte, die Romane, die Rilke-Gedichte und die vier Bände mit Theaterstücken legte ich in das unterste Schubfach. Und unter diesen Büchern versteckte ich meine eigenen Manuskripte, fünfzehn längere Gedichte, die mir gelungen erschienen, drei Erzählungen und die beiden Theaterstücke, an denen ich bis zum Sommer geschrieben hatte.

»Du bist schon länger hier?«, fragte ich Sebastian, als er sein Buch zuklappte und zu mir sah.

»Hier im Internat? Seit März.«

»Und wieso bist du so lange schon hier?«

»Ich bin im Januar abgehauen, wohnte erst zwei Monate bei einem Onkel, einem völlig Verrückten, bevor ich hier einen Platz bekam.«

»Und du bist auch schon seit Januar auf dem Gymnasium?«

»Ja. Ich kam gleich in eine Untertertia, allerdings im A-Zweig, weil es den C-Zweig, also die Klassen für die Ostdeutschen, erst ab Obertertia gibt. Ich hatte dort Unterricht in Latein und Griechisch mit Leuten, die das schon zwei und drei Jahre lernten. Ich musste also aus einer Sprache lesen und übersetzen, bei der ich das Abc kaum beherrschte. Und nun fange ich mit euch nochmal richtig von vorn an. In den vier Stunden Latein und Griechisch diese Woche habe ich mehr verstanden als im letzten halben Jahr.«

»Kannst du mir zeigen, was ich versäumt habe?«

»Sicher. Das war nicht viel, du bist ja nur eine Woche zu spät. Komm her und bring deinen Stuhl mit.«

»Wieso bist du schon seit Januar in Westberlin? Warum hast du daheim nicht noch die achte Klasse abgeschlossen?«

»Ach, im Grunde eine dumme Geschichte. Ich hatte bereits zwei Verweise, weil ich ein paar Mal Wandzeitungsartikel geschrieben und ans Schwarze Brett geheftet hatte, die als böswillig eingestuft wurden. Und nach den Weihnachtsferien gab es am zweiten Schultag für die siebenten und achten Klassen eine Filmvorführung in der Aula. Wir dachten alle, es wird so ein Naturfilm sein über Eichhörnchen oder Landwirtschaft, das Übliche, aber ich Esel hatte am Vortag in der Aula die Musikanlage präpariert. Als der Film anlief, schaltete sich zur gleichen Zeit das Tonbandgerät ein. *Pack die Badehose ein*, ertönte es, während uns ein Film gezeigt werden sollte, der Propaganda für die Kollektivierung macht. Stell dir vor, da erzählen LPG-Bauern, wie glücklich sie in der Genossenschaft sind, und die halbe Aula singt begeistert: *Pack die Badehose ein, nimm dein kleines Schwesterlein, und dann nischt wie raus nach Wannsee.* Jedenfalls sangen sie, solang es in der Aula noch dunkel war.«

»Muss sehr komisch gewesen sein.«

»Na ja, gelacht hat hinterher keiner. Die Lehrer schalteten sofort das Licht in der Aula an und den Vorführapparat aus, alle verstummten augenblicklich, und damit war es an dem Tag mit dem Film vorbei. Zwei Schulstunden fielen aus, weil die Lehrer und auch der Direx nach dem Schuldigen suchten. Ein Mädchen aus einer Siebten, mit der ich befreundet war, hatte ich am Vortag in die Aula mitgenommen, zum Schmierestehen, und die dusslige Pute hat mich bei der Befragung verpetzt. Sie holten mich ins Rektorat, der Direx und drei Lehrer brüllten mich an, ich sei ein bösartiges Element, von westlicher Unkultur zersetzt, ein Staatsfeind, der auf ihrer Schule nicht geduldet werde. Dann schickten sie mich nach Hause. Das Lehrerkollegium tagte, wie ich später hörte, über drei Stunden, und fast alle Lehrer sprachen sich dafür aus, mich bei der Polizei anzuzeigen, nur zwei Lehrer waren dagegen. Noch am selben Abend gab es bei der Volkspolizei ein Treffen des Schuldirektors mit irgendeiner Kommission für Jugendhilfe, und die entschieden, dass ich den Rest des Schuljahres in den Jugendwerkhof komme.«

»Jugendwerkhof, mein Gott! Das ist wie Knast, nicht wahr?«

»So ist es.«

»Und wie hast du es da noch geschafft, abzuhauen?«

»Großes Glück. Der Schuldirektor, der am lautesten gegen mich gewettert hatte, kam mitten in der Nacht zu meinem Vater. Er klopfte ans hintere Fenster und unterrichtete ihn über die Entscheidung von Polizei und Jugendhilfe. Er sagte, ich würde am nächsten Morgen von der Polizei abgeholt und in den Werkhof gebracht. Vater holte mich sofort aus dem Bett, wir packten, und zwei Stunden später saßen wir im Auto nach Potsdam. Dort warteten wir bis sechs Uhr, weil dann der Berufsverkehr einsetzt und die S-Bahn voll ist. Fünf Minuten später war ich in Sicherheit. Wie ich später von meinen Eltern hörte, erschien an diesem Tag tatsächlich Punkt sieben ein Polizist bei uns, um mich abzuholen.«

»Ist ja eine irre Geschichte. Und jetzt darfst du nicht zurück? Nie wieder?«

»Na klar. Wenn sie mich schnappen, bin ich dran. Darum fahre ich auch mit keiner U-Bahn, die durch den Osten fährt, auch wenn es nur ein paar Stationen sind. Da mache ich lieber einen Umweg oder nehme den Bus.«

Er lachte plötzlich laut auf: »Weißt du was, das Beste kommt noch. Am allerersten Schultag in der Salzbrunner fragten mich meine Mitschüler, ob ich wisse, wem der große Garten mit der Villa hinter dem Zaun unseres Schulhofs gehört. Ich hatte keine Ahnung, aber weißt du was? Da wohnt Conny Froboess mit ihren Eltern!«

»Die *Pack die Badehose ein* gesungen hat? Und? Hast du ihr deine Geschichte erzählt?«

»Wo denkst du hin! Wenn die in ihrem Garten zu sehen ist, hängen die Kleinen wie die Fliegen am Zaun und rufen sie. Die kann kaum noch in Ruhe aus dem Haus und will sicherlich nichts von uns wissen.«

Er griff nach zwei Heften und zwei seiner Bücher: »So, das sind meine Aufzeichnungen in Griechisch und hier die für Latein. Und bei beiden Lehrbüchern die ersten Seiten, von hier bis hier. Schau es dir an. Die Striche und Randbemerkungen stammen noch von meinem Vorgänger oder von einem meiner vielen Vorgänger. Wenn du Fragen hast, gib Bescheid.«

»Danke.«

Ich nahm seine Hefte und Bücher und setzte mich an meinen Schreibtisch. Als ich aus meiner Schultasche Schreibheft und Füller herausnahm, sah Sebastian auf.

—

»Schöne Mappe hast du da. Aber vergiss sie. Für die Schule brauchst du keine Tasche. Hast du keinen Gürtel? Leder oder Stoff?«

»Ja, habe ich. Sogar zwei.«

»Na also. Dann lass die Tasche hier oder bring sie in den Koffer-Abstellraum. Die C-Klassen brauchen nur einen Gürtel. Den schnallst du um die Bücher und dann wirfst du dir das Bündel über die Schulter. Das ist alles. Die C-Klassen brauchen keine Taschen. Wenn du am Montag mit einer Tasche erscheinst, hast du dir gleich einen dicken Minuspunkt eingefangen.«

»Versteh ich nicht. Warum ist ein Gürtel besser als eine Tasche? Bei einem Gürtel um die Bücher kann was rausrutschen, und bei Regen werden sie nass.«

»Das haben unsere Primaner vor Jahren so eingeführt. Die C-Jahrgänge haben nur einen Gürtel. Oder einen Hebammenkoffer, der geht auch.«

»Aber wieso?«

»Hat was mit dem Osten zu tun. Die anderen, die A- und B-Leute, also die Westberliner, fanden, unsere Taschen sähen allesamt zu ostig aus. ›Ostschrott‹ nannten sie das. Und daraufhin entschieden unsere Leute damals, wir benötigten aber auch keinen Westschrott, uns reicht ein Gürtel. Seitdem gehen alle Ostler nur mit einem Gürtel zur Penne. Das sieht einfach besser aus.«

»Verstehe. Also Gürtel ab Montag. Danke für den Hinweis.«

»Aber bitte. Übrigens, wenn es Zeugnisse gibt, an dem Tag bringen alle vom C-Zweig eine leere Papprolle mit, verstehst du, eine leere Klopapierrolle, um den Wisch auf angemessene Art und Weise zu transportieren.«

»Gut zu wissen. Aber das hat ja noch ein halbes Jahr Zeit.«

Beim Abendessen lernte ich noch den sechsten Zimmerkameraden kennen, Siegbert, der sich zu mir und Sebastian an den Esstisch setzte und mich fragte, wieso ich eine Woche zu spät nach Berlin gekommen sei. Dann erzählte er, dass er am Nachmittag in Ostberlin war, um Schreibmaterialien einzukaufen, die dort viel billiger seien als im westlichen Teil, und danach habe er in einer Konditorei für eine Westmark ein dickes Tortenstück verzehrt und eine Tasse Kakao getrunken. Das Westgeld hatte er zuvor am Bahnhof Zoo umgetauscht, eins zu fünf.

»Von so einer billigen Schlemmerei kann Bastian nur träumen«, sagte Siegbert und grinste ihn an.

»Bring mir beim nächsten Mal ein Stück Torte mit. Buttercremetorte mit Sahne«, erwiderte Sebastian.

Nach dem Abendessen setzte ich mich in die große Diele und sah den älteren Schülern beim Billard zu. Es wurde Poolbillard gespielt, und alle spielten rasch und überaus genau. Sie konnten sekundenschnell ihre Stöße errechnen und mit teilweise verblüffenden Effetstößen beeindruckende Laufbögen zaubern. Immer wenn ein Spieler keine Kugel regelgerecht lochen konnte, hatte er verloren, das Spiel war beendet und beide Spieler mussten ihre Queues den Mitschülern übergeben, die bereits ungeduldig ihr Spiel verfolgt und auf das Ende gewartet hatten.

Ich hatte an diesem Abend keine Chance, einen Queue in die Hand zu bekommen. Es war offenbar genau festgelegt, wer mit wem an den Tisch treten durfte, aber ich durchschaute nicht, nach welchem Prinzip man zum Zug kam, und wollte mich an meinem ersten Tag im Internat zurückhalten.

Mein Bruder war nach dem Abendessen mit zwei seiner Klassenkameraden verschwunden, ohne mit mir zu sprechen.

Ich ging in unser Zimmer, borgte mir von Sebastian zwei

Lehrbücher aus, legte mich aufs Bett und versuchte, mich auf die Lektüre zu konzentrieren. Die anderen schauten ebenfalls in ihre Bücher oder unterhielten sich leise. Helmuth und Siegbert waren mit ihren Büchern hinausgegangen, vermutlich wollten sie in Ruhe Vokabeln lernen und hatten sich dazu in den Waschraum oder den Garten verzogen, wo es keinen störte, wenn sie leise vor sich hin murmelten. Um kurz vor zehn kehrten sie zurück, wir machten uns alle bettfertig, Punkt zehn herrschte Nachtruhe, nur lesen im Bett oder eine leise Unterhaltung vor dem Einschlafen war noch erlaubt. Ich lag im Dunkeln und sah zur Decke. Daheim hatte ich mir mit meinem jüngeren Bruder das Zimmer geteilt, der sich bei meiner Abreise gefreut hatte, es nun ganz für sich zu haben. Dass ich nun mit fünf mir noch fremden Jungen im Zimmer wohnte, fühlte sich weniger merkwürdig an, als ich erwartet hatte, Und ich schlief bald ein.

Am nächsten Morgen, dem Sonntag, erwachte ich davon, dass mir unsanft die Decke weggezogen und ich unter lautem Protest aus dem Bett gezerrt wurde.

»In den Schrank mit ihm!«, rief Siegbert, der offenkundig der Wortführer war, zudem einen halben Kopf größer als ich und mir zudem deutlich an Stärke überlegen war. Mühelos verfrachtete er mich mit Hilfe zweier weiterer Kameraden in den Schrank und verriegelte die Tür.

»He, was soll der Blödsinn!?«, rief ich und starrte in die Dunkelheit der engen Kammer. »Lasst mich sofort wieder raus!«

»Was kriegen wir dafür?«, höhnte Siegbert. »Und lass dir mit deinem Angebot nicht allzu viel Zeit, nach dem Mittagessen fahren wir an den See!«

Alle lachten, und ich hörte, wie sie Richtung Waschraum abzogen. Ich rüttelte an der Tür, doch sie blieb fest verschlossen.

31

Resigniert setzte ich mich auf den Boden des Schranks und wartete, bis sie zurückkamen. Und natürlich war es wieder Siegbert, der sich an mich wandte.

»Und? Ich höre! Oder willst du beim Frühstück fehlen? Das sieht Fräulein Rothermund gar nicht gerne.«

Dieser Idiot! Ich bebte vor Zorn, schwieg aber und hörte, wie die Jungen sich anzogen und sich anschickten, Richtung Speiseraum abzuziehen.

»Wartet!«, rief ich und presste zwischen den Zähnen hervor, »ist ja gut! Was wollt ihr denn?«

Diesmal meldete sich Albert zu Wort. »Nun, wir könnten eine kleine Putzfee gut gebrauchen.« Er erntete Gelächter.

»Euren Dreck wegmachen? So weit kommt's noch!«

»Na gut, dann bis später!« Sie entfernten sich Richtung Tür.

»Eine Woche lang räume ich hier auf! Und jetzt lasst mich raus!«

»Mach einen Monat draus und du bist ein freier Mann.«

Ich ließ mich zähneknirschend darauf ein und wurde unter großem Gelächter aus dem Schrank gelassen, zog mich rasch an, um dann zwar ungewaschen, aber zumindest einigermaßen pünktlich im Speiseraum zu erscheinen, wo mir Sebastian grinsend den Platz neben sich anbot, den er mir freigehalten hatte.

»Nimm es sportlich, Mensch. Hier werden alle Neulinge ›getauft‹, das gehört dazu.«

Ich lächelte nur verärgert und griff nach dem Pflaumenmus.

Nach dem Mittagessen lehnte ich das Angebot meiner Kameraden ab, mit ihnen an den See zu fahren. Das ganze Zimmer für mich, einen ganzen Nachmittag lang! Nicht nur, dass ich keine Lust auf diesen Siegbert hatte, ich wollte endlich in Ruhe an meinem Theaterstück weiterarbeiten. Zum Schreiben musste ich allein sein, nicht nur, weil ich mich so besser konzentrieren konnte, sondern auch, weil ich gerne die eine oder andere Zeile laut aufsagte, um mich ihres Klangs zu versichern. Als meine Kameraden erschöpft, aber gut gelaunt zurückkehrten und der Raum sich wieder mit lauten Stimmen füllte, hatte ich immerhin zwei neue Szenen aufs Papier gebracht. Nach dem Abendessen lieh ich mir noch Sebastians Unterlagen und Bücher, um meinen einwöchigen Rückstand in Latein und Griechisch aufzuholen, was mir nicht sonderlich schwerfiel.

III Fluchtpunkt *Aschinger*

Am nächsten Tag war mein erster Schultag. Ich verließ zusammen mit Sebastian nach dem Frühstück bereits fünf nach sieben das Internat und lief, das mit einem Ledergürtel zusammengehaltene Bücherbündel über die Schulter geworfen – Füller und Stifte hatte ich in die Hosentasche gesteckt –, mit ihm über das Roseneck und den Hohenzollerndamm zu dem Gymnasium, das ich drei Monate zuvor mit meinem Vater zum ersten Mal betreten hatte, um mich im Rektorat anzumelden.

»Montags geht es immer schon um halb acht los«, hatte Basti gesagt, »weil Seeger da seine wöchentliche Ansprache hält, da darf man auf keinen Fall fehlen. Er schwört uns auf die Woche ein, sagt, was es Neues gibt, und wenn jemand Mist gebaut hat, wird er vor versammelter Mannschaft runtergeputzt. Mich hat es zum Glück noch nie erwischt, aber wir C-Klässler halten uns auch eher im Hintergrund. Diese zwanzig Minuten am Montag sind für uns alle eine heilige Verpflichtung, da darf man nicht fehlen. Und gebetet wird natürlich auch.«

Sebastian hatte gesagt, man brauche, wenn man zügig läuft, zwanzig Minuten für den Weg. Mit dem Bus zu fahren sei zwar möglich, aber kaum zeitsparend, denn er fahre selten pünktlich und koste zudem Geld.

Unser Klassenzimmer befand sich in dem zweistöckigen Neubau zwischen dem Hauptgebäude und der Sporthalle, doch zum Wochenanfang versammelten sich alle Schüler zuerst in der großen Eingangshalle, wo der Direktor uns erwartete. Die

34

Schüler des C-Zweigs standen an der großen Tür zum Schulhof, sie hatten ihre Bücher nur mit einem Gürtel zusammengebunden, einige trugen sie noch über der Schulter, andere hatten sie für die kurze Zusammenkunft in der Eingangshalle vor ihren Füßen abgestellt. Und vier Schüler aus dem Internat hatten tatsächlich alte, abgeschabte Hebammenkoffer.

Nachdem Ruhe eingekehrt war, sprach Seeger ein Gebet und rief dann zwei ältere Schüler auf. Sie hatten vorzutreten und erhielten wegen irgendeines ungebührlichen Verhaltens eine Rüge. Dann wünschte er uns zum Abschluss eine gute, lehrreiche Woche, und die versammelten Schüler eilten in ihre Klassenräume.

Ich ging mit Sebastian durch den hinteren Ausgang des großen Hauptgebäudes und über den Schulhof zum Anbau, wo das Klassenzimmer der U3C war, der Untertertia des C-Zweiges, meiner Klasse. Auch die anderen Jahrgänge des C-Zweiges befanden sich in dem Neubau, so dass ich meinem Bruder täglich mehrmals über den Weg lief.

Als wir den Raum betraten, sagte mir Sebastian, welche Plätze bei den im Viereck aufgestellten Tischen noch nicht belegt waren. Ich legte meine Bücher auf einen der freien Plätze, von dem aus ich auf den Schulhof hinaussehen konnte, und blickte mich im Klassenraum um. Vor der breiten Schiebewandtafel stand der Lehrertisch, daneben ein schmales Pult mit einer schrägen Schreibfläche, die auch waagerecht eingestellt werden konnte, um dort gelegentlich einen Projektor aufzustellen.

Auf drei Seiten standen lange Tische, angeordnet wie ein großes U, mit jeweils fünf Stühlen an der Außenseite, an den hinteren Tischen und denen vor der Eingangstür saßen die Jungen, die Mädchen hatten auf der Fensterseite Platz genommen. Ein solches Klassenzimmer hatte ich noch nie gesehen, aber meine neue Klasse bestand auch nur aus insgesamt dreizehn Schülern, und sie kamen alle, das hatte Vater mir erzählt, wie ich aus dem Osten. Durch die Sitzanordnung konnte jeder von uns jeden sehen, wir saßen wie bei einer Familienrunde oder einem Diskussionsabend zusammen. War einer von uns unaufmerksam oder beschäftigte sich mit etwas anderem, konnte jeder es sehen, und natürlich bemerkte es auch der Lehrer.

Man war also unter ständiger Beobachtung, konnte nie wirklich abschalten oder vor sich hin träumen, aber ein solcher Unterricht war für alle förderlich, und wir kamen sehr viel rascher voran als die gleichaltrigen Gymnasiasten der A- und B-Zweige, in denen mindestens doppelt so viele Schüler saßen, doch wir hatten auch bei den alten Sprachen Lehrstoff aufzuholen und mussten bis zum Abitur die fehlenden zwei, drei Jahre wettmachen.

Ich erkannte an den hinteren Tischen Helmuth und Albert, vom ersten Platz ganz vorne beim Lehrerpult traf mich Siegberts abschätziger Blick. »Unser Klassenprimus«, raunte Sebastian mir zu, während er mich zu zwei freien Plätzen schob.

»Der?«

»Schmeichelt sich bei den Lehrern ein. Wir nehmen ihn nur für die Mannschaften beim Sport. Er ist ein guter Läufer, ein sehr guter, und bei Ballspielen fix und hart, sehr hart. Wenn du dich bei ihm beliebt machen willst, musst du ihn Siggi nennen. Für uns ist er nur die Karotte, aber das würden wir ihm nie auf die Nase binden. Versteht keinen Spaß, der Kerl.«

»Karotte? Warum das denn?«

»Sein Nachname ist Carota. Alter französischer Adel, behauptet er. Aber ich denke, er ist eher so etwas wie eine italienische Mohrrübe.« Sebastian grinste.

Uns gegenüber saßen die drei Mädchen und tuschelten miteinander, wobei sie immer wieder zu mir herübersahen.

»Das sind Susanne, Birgit und Connie«, sagte Sebastian. »Wohnen im Schülerinnenheim in der Winkler Straße am Bahnhof Grunewald. Suse ist eine Streberin, aber Biggi und Connie sind ganz in Ordnung. Die anderen Jungen wohnen übrigens in der Wangenheimer Straße, da gibt es auch ein Schülerheim. Nur Heiner wohnt bei seinen Eltern in Weißensee und kommt immer mit der S-Bahn.«

In der ersten Stunde hatten wir Deutsch bei Fräulein Marmarschke, unserer Klassenlehrerin, die uns auch in Englisch unterrichtete. Nach der Begrüßung rief sie mich nach vorn und fragte mich vor den Mitschülern, woher ich kam, wo ich jetzt wohnte und wie mein Zensurendurchschnitt auf meinem Reifezeugnis der achten Klasse war.

»Hast du dein letztes Zeugnis mit nach Berlin gebracht?«

Ich nickte.

»Dann lege es mir bitte zur nächsten Deutschstunde am Mittwoch vor.«

In der Stunde rief sie mich dreimal auf, um mir Fragen zum Komparativ und zu reziproken Verben zu stellen. Sie wollte wohl den Stand meiner Kenntnisse testen und war offensichtlich mit meinen Antworten zufrieden.

In der Stunde danach hatten wir Mathematik bei Dr. Bellnitz, einem älteren Mann, der sehr fordernd unterrichtete. Er stand fast die ganze Stunde an der Wandtafel, drehte uns den Rücken zu und schrieb mit enormer Geschwindigkeit seine Formeln mit Kreide auf die anthrazitfarbene Tafel. Unvermittelt rief er einen Namen auf, drehte sich dann zu uns um, wies mit dem Finger auf den Aufgerufenen und stellte eine Frage. Das höchste Lob bei ihm war normalerweise ein knappes, zustimmendes Nicken, doch sehr oft war er mit unseren Antworten nicht zufrieden. Dann drehte er sich kopfschüttelnd zur Tafel um und schrieb, mit der Kreide dabei rasch eine Zahlenfolge auf die Tafel kritzelnd, die korrekte Antwort.

Ganz anders war es in der nächsten Stunde, bei Herrn Tomaschweski, dem jüngsten unserer Lehrer, der uns nicht nur in Latein, sondern auch in Gemeinschaftskunde unterrichtete, die dem ostdeutschen Fach Staatsbürgerkunde entsprach. In Latein hatte er immer Verständnis für unsere Schwierigkeiten, das doppelte Pensum schaffen zu müssen.

Er brachte uns die Grundzüge des westlichen Gesellschaftssystems bei, klärte uns über die verschiedenen Staatsgewalten sowie die Voraussetzungen und den Aufbau einer Demokratie auf. Er war ein Bewunderer der Vereinigten Staaten und erklärte uns, dass wir Amerika unsere Befreiung und unsere Freiheit verdankten.

»Mir ist bewusst, dass man euch beigebracht hat, dass die Sowjetunion die alles entscheidende Siegermacht gewesen sei, die Deutschland unter großen eigenen Opfern von der mörderischen Diktatur der Nazis befreit hat. Das ist durchaus historisch korrekt, keine andere Nation hatte während des zweiten Weltkriegs mehr Tote zu beklagen, doch die Sowjetunion war nach dem Sieg nicht bereit, in ihrem Herrschaftsgebiet Demokratien aufzubauen oder zuzulassen, und das schmälert bedauerlicherweise ihre großen Leistungen im Kampf gegen Hitler.«

Doch Tomaschewski lobte auch die enormen Wirtschaftsleistungen des Landes seit der Oktoberrevolution.

»Erst nach dieser Revolution«, erklärte er uns, »wurde das ganze Land erschlossen und bewirtschaftet. Die Zaren kannten sich jahrhundertelang allein im europäischen Teil Russlands aus und förderten nur diese Region, der größte Teil des Landes jedoch galt ihnen als nicht zivilisierbar, sie haben die unvorstellbare Armut ihrer Untertanen hingenommen und wussten nichts von den ungeheuren Bodenschätzen des riesigen Sibiriens. Im Gegenteil, nur um die Staatskasse nach dem Krimkrieg wieder aufzufüllen, hat Zar Alexander der Zweite Alaska an Amerika verkauft, und zwar für einen Appel und ein Ei.«

Und dann ermahnte er uns, anderen Völkern gegenüber nie überheblich zu sein: »Man sollte andere Nationen und Staaten nie leichtfertig verurteilen, sondern immer nach ihrer Geschichte fragen, denn nur so kann man verstehen, wie eine Nation zu dem geworden ist, was sie ist. Seid immer aufmerksam und seht euch die Dinge genau an, bevor ihr euch eine Meinung bildet. Ich fahre beispielsweise regelmäßig nach Ostberlin, Dresden oder Leipzig und schaue mir an, was sich dort städtebaulich tut, oder gehe ins Museum. Die Stalinallee zum Beispiel wird völlig zu Unrecht als ›Zuckerbäckerstil‹ verunglimpft, steht sie doch in der Tradition des Berliner Klassizismus.«

Als die Glocke zur Pause schrillte, sagte ich zu Sebastian, wie beeindruckt ich von Tomaschewski war.

Er lachte: »Das geht allen so, die ihn zum ersten Mal erleben. Seine Ansichten sind ungewöhnlich, und er fährt echt ständig in den Osten, aber er hat ziemlich viel Ahnung und interessiert sich für so viel. Und vor allem auch für uns, dafür, wo wir herkommen. Letzte Woche, als du noch nicht da warst, hat er uns ausgefragt über unsere Heimatorte und wie wir es finden, nun in Westberlin zu leben. Den anderen Lehrern ist das egal, Hauptsache, wir lernen unsere Vokabeln und beten fleißig. Aber jetzt erlebst du gleich das Gegenprogramm. Nun haben wir Russisch, und Frau Kehl, unsere Lehrerin, kommt aus Lettland und hasst Russland.«

»Aber warum lassen sie sie dann Russisch unterrichten und nicht jemanden aus Russland?«

»Na ja, es gibt eben keine ausgebildeten Lehrer dafür. Im Westen lernt man ja kein Russisch in der Schule, das ist nur eine Extrawurst für uns.«

Frau Kehl begrüßte uns in makellosem Russisch, und nachdem wir eine Viertelstunde unregelmäßige Verben durchdekliniert hatten, stellte Sebastian, der mir offenbar vorführen wollte, wie leicht Frau Kehl an die Decke gehen konnte, ihr eine im Grunde harmlose Frage zu Breschnew. Sie hielt einen Moment inne und legte die Kreide, mit der sie gerade noch in einem atemberaubenden Tempo Verben an die Tafel geschrieben hatte, beiseite.

Sebastian stieß mich in die Seite und flüsterte: »Jetzt geht es los!«

Frau Kehl ging wie Rumpelstilzchen im Klassenzimmer umher und ereiferte sich über »diese Verbrecher im Kreml«. Ihr Zorn auf die kommunistischen Funktionäre war so heftig, dass sie sogar fast das Läuten der Schulklingel am Ende der Unterrichtsstunde überhört hätte. Verben lernten wir in dieser Stunde keine mehr.

»Deine Frage hat wohl ins Schwarze getroffen.« Ich grinste Sebastian an. »Lohnt es überhaupt, sich bei der Grammatik reinzuhängen, oder soll ich für die erste Klassenarbeit lieber Stalin lesen?«

Er grinste. »Also bei der mündlichen Prüfung kriegt man sie sicher schnell auf ihr Lieblingsthema, und wenn man dann sagt, wie unterdrückt man sich daheim von den Russen fühlt, kriegt man sicher ne Eins. Ich hab nicht vor, mich hier in Russisch so reinzuhängen wie früher, hier kräht doch kein Hahn danach.«

An dem Tag hatten wir zudem noch Griechisch und Latein, und zum Abschluss des Schultags stand Geräteturnen auf dem

Plan. In Latein und Griechisch hatte ich keine Schwierigkeiten, das Wenige, worin die Klassenkameraden mir durch die Vorwoche voraus waren, hatte ich am Abend zuvor nachgeholt.

Mit den Klassenkameraden verstand ich mich. Mit Sebastian unterhielt ich mich öfter als mit anderen, irgendwie kam ich mit ihm gut zurecht, und er war es, der mir ein paar Regeln im Internat und Gymnasium erklärte.

Außer ihm wohnten noch drei Mitschüler meiner U3C-Klasse im Schrankzimmer, ein Mitschüler lebte ebenfalls noch in meinem Internat, aber er hatte einen Platz in einem anderen Zimmer. Zwei Jungen waren im Internat in der Wangenheimstraße untergebracht, und einer in meiner neuen Klasse wohnte bei seinen Eltern, er kam jeden Tag mit der S-Bahn aus Ostberlin zu uns in die Schule.

Die drei Mädchen meiner Klasse wohnten im Internat in der Winkler Straße am Bahnhof Grunewald. In der Schule saßen sie mir gegenüber, da die Schulbänke in einem Viereck aufgestellt waren.

Am Montag hatten wir acht Stunden und kamen erst nach zwei Uhr im Internat an, wo wir, nachdem wir unsere Bücher ins Schrankzimmer gebracht und uns flüchtig die Hände gewaschen hatten, gleich zum Speiseraum gingen. Auf dem Weg dorthin ging David an mir vorbei, fragte, ob mein erster Tag gut gewesen sei, wartete jedoch kaum die Antwort ab.

Sebastian und ich gingen zur Essensausgabe. Als er die Teller mit Eintopf sah, verzog er das Gesicht. »Da müssen wir wohl gleich zu *Aschinger*. Da gehen wir immer hin, wenn es hier nicht schmeckt. Normalerweise müssten wir erst mal hierbleiben, aber Sybelius isst immer um eins und merkt es heute also nicht, dass wir uns dünnemachen. Los, komm.«

Ich warf einen bedauernden Blick auf die Schüsseln mit Himbeerquark, wenigstens das Dessert hätte ich gerne gegessen, aber Sebastian zog mich schon am Ärmel.

Nach den Schularbeiten brachte Sebastian mir bei, wie man einen Queue hält und wo man die Kugel zu treffen hat, um einen Effetstoß zu erzielen, einen Rückläufer oder einen Nachläufer. Er beherrschte auch den Bogenstoß und zeigte ihn mir, doch einen solchen Laufbogen brachte ich an meinem ersten Tag am Billardtisch nicht zustande.

»Pass vor allem auf, dass du mit dem Queue nicht das Tuch berührst, Daniel. Die haben hier ein extrem haltbares Textil aufgezogen, was die Bälle völlig anders laufen lässt, als ich es kenne. Aber bei so vielen Spielern hier im Internat ist ein gutes Tuch nicht angebracht. Trotzdem gut aufpassen, Daniel! Mit einem dummen Stoß kannst du das Tuch aufschlitzen. Dann kann keiner mehr hier spielen, und alle im Haus werden dich lieben.«

Als die älteren Schüler in die Halle kamen und meine Bemühungen grinsend beobachteten, gab ich den Queue Sebastian und sagte, dass ich mich an die Schularbeiten setzen wolle. Er blieb am Tisch stehen und wartete, bis einer der Älteren gleichfalls nach einem Stock griff und ihm eine Partie anbot.

Nach einem Monat hatte ich mich im Heim eingelebt und kam mit dem neuen Umfeld zurecht. Der Kiez war mir vom Roseneck bis zum Gymnasium vertraut, und ebenso die Umgebung rund um den Bahnhof Zoo, da ich, wenn das Essen im Internat wieder einmal kaum genießbar war, mit Zimmerkameraden ab und zu in der Joachimsthaler Straße zu *Aschinger* fuhr. Dort bekam man für ein paar Groschen eine Erbsen- oder Gemüsesuppe und auf den Tischen stand eine große Schale mit winzigen Brötchen, die es in der Stehbierhalle kostenlos dazugab und von denen wir gleich mehrere aßen und zusätzlich einige heimlich in die Tasche steckten.

Meistens trafen wir dort auch jene Mitschüler, die im Internat in der Wangenheimstraße wohnten, offenbar war dort immer am gleichen Tag das Essen so miserabel, dass auch sie eine Suppenschüssel bei *Aschinger* samt den kleinen kostenlosen Brötchen vorzogen.

Zwei Jahre später stellte die Stehbierhalle keine Schüssel mit den winzigen, aber kostenlosen Brötchen auf die Tische, stattdessen hatte man, wenn man ein Brötchen zur Suppe essen wollte, ein paar Pfennige auf den Thekentisch zu legen. Wir nahmen es amüsiert zur Kenntnis, vermuteten wir doch, dass die Internatsschüler aus der Kronberger und der Wangenheimer einen erheblichen Anteil an dieser Veränderung bei *Aschinger* hatten.

In der Schule hatte ich keine Schwierigkeiten. In Chemie, Mathematik und Physik waren wir in der achten Klasse der Grundschule weiter gewesen. Der Literaturunterricht unterschied sich allerdings erheblich von dem ostdeutschen, hier waren ganz andere Namen gefragt, französische und amerikanische Autoren; russische und sowjetische fehlten völlig, und von den im Osten geschätzten Schriftstellern wie Brecht oder Becher war keine Zeile zu lesen. Neu für mich war das Mittelhochdeutsch, das zum Unterricht gehörte, Texte in dieser alten Sprache hatte ich noch nie gelesen.

Im Internat kam ich mit den Gepflogenheiten und Regeln zurecht. Es wurde, wie mir schon Sebastian und mein Bruder gesagt hatten, etwas viel gebetet, täglich vor und nach jeder Mahlzeit. Dazu kam noch das Morgengebet im Gymnasium. Friederich, den wir Friedl nannten, meinte, wer in diesem Internat gelebt und unser Gymnasium besucht hat, müsse später nicht vor dem Jüngsten Gericht erscheinen, sondern komme direkt ins Paradies.

Der Einzige aus meinem Zimmer, mit dem ich nicht oder sehr schlecht zurechtkam, war Siegbert, aber meine Abneigung wurde von den anderen geteilt. Siegbert war unausstehlich. Er behandelte alle von oben herab, war arrogant und ein unerträglicher Besserwisser, der alle belehren zu können glaubte. Tatsächlich erwies es sich, dass er in den Schulfächern glänzte, und folglich gebärdete er sich als unser Klassenprimus, was ihm keine Sympathie einbrachte, zumal er sich den Lehrern gegenüber unterwürfig verhielt und bemüht war, sich bei ihnen einzuschmeicheln. Da er einen halben Kopf größer als alle anderen war und auch im Sportunterricht die besten Leistungen brachte, wurde er bei Mannschaftsaufstellungen stets als Erster gewählt, doch ungeachtet dessen war sich die gesamte Klasse einig, dass er ein Kotzbrocken sei.

Er wollte, dass wir ihn Siggi nannten, doch wir sprachen ihn weiterhin nur mit Siegbert an, weil uns dieser Name rückständig und verstaubt erschien, genauso altfränkisch und witzlos wie der Kerl selbst.

Meinen Bruder sah ich jeden Tag im Internat und in der Schule, aber da er Distanz zu mir hielt, sprach ich ihn nur in Notfällen an, wie er es mir angeraten hatte, und niemals, wenn er gerade mit seinen Klassenkameraden oder Zimmernachbarn zusammen war. Wir waren nicht das einzige Brüderpaar im Internat und in der Schule. Albert hatte ebenfalls einen zwei Jahre älteren Bruder dort, und zudem wohnten noch zwei Brüderpaare von anderen Klassenstufen in unserem Schülerheim.

Die Abende verbrachten wir in unseren Zimmern oder der großen Diele unseres Internats. Mindestens einmal in der Woche gingen wir ins Kino, wobei wir darauf achten mussten, spätestens zweiundzwanzig Uhr im Internat zurück zu sein, um keinen Eintrag zu riskieren. Bei mehreren solcher Disziplinarverstöße wurden Strafen ausgesprochen, wobei zumeist ein Ausgehverbot verhängt wurde.

Meine schönste Zeit war der Sonntagnachmittag. Nach dem Mittagessen verschwanden alle, fuhren in die Stadt oder gingen zum Grunewaldsee oder zum Lochowbad, ich hatte das Schrankzimmer für vier bis fünf Stunden allein und konnte endlich an meinem neuen Stück weiterschreiben. Das war mir nicht möglich, wenn auch nur ein einziger der Schulkameraden im Zimmer blieb. Zum Schreiben brauchte ich Ruhe und musste allein sein, um die eine oder andere Zeile laut aufsagen zu können und mich ihres Klangs zu versichern.

Kino war für alle Schüler von großem Interesse, und wir hatten den Vorteil, den Eintrittspreis eins zu eins in Ostgeld zu bezahlen, wenn man den ostdeutschen Personalausweis vorzeigte. Da wir nach Westberlin abgehauen waren, ohne uns abzumelden, besaßen wir alle noch dieses kostbare, geldsparende Papier, so dass wir unser schmales Taschengeld in einer Wechselstube umtauschen und dann zu einem Fünftel des Eintrittspreises ins Kino kamen. Die Kinobetreiber und die Theater nahmen das Geld gern entgegen, wurde diese Großzügigkeit doch vom Senat und von der Bundesregierung finanziert, so dass sie das Ostgeld eins zu eins in die westliche Währung umtauschen konnten.

IV Dreieinhalb Pfennige

So erschwinglich das Kino auch war, Geld war eins unserer Hauptprobleme. Wir bekamen im Internat ein monatliches Taschengeld, aber das waren lediglich fünf Mark, und wir waren daher beständig auf der Suche nach irgendwelchen einträglichen Beschäftigungen, denen wir in der Freizeit zwischen Schulschluss, Essenszeiten und Schlafenszeit nachgehen konnten, um ein paar Mark zusätzlich zu verdienen.

Zwei Monate nach meiner Ankunft in Westberlin hatte ich mich anwerben lassen, durch die Häuser zu laufen und an jeder Wohnungstür zu klingeln, um Abonnenten für Zeitschriften und Zeitungen zu gewinnen. Die Prämien für erfolgreiche Abschlüsse klangen verlockend, und da die Dame in der Werbeagentur mir gesagt hatte, dass bisher jeder ihrer »Präsentanten«, wie sie uns nannten, pro Woche zehn bis zwanzig unterschriebene Verträge vorweisen und daher eine ansehnliche Summe einstecken könne, ließ ich mich darauf ein.

Man gab mir einen Stapel bunter achtseitiger Broschüren, auf denen fast fünfzig Wochen- und Tageszeitungen mit Bildern und einer knappen Beschreibung vorgestellt wurden, sowie einen Block mit den Formularen, um ein Abonnement abzuschließen.

Nach drei Wochen gab ich die Broschüren und den Formularblock wieder in der Agentur ab und teilte der Sekretärin mit, dass ich mich umgehend von ihr und ihrem Unternehmen verabschiedete.

46

Ich war fünfmal in der Woche zwischen fünfzehn und neunzehn Uhr unterwegs gewesen, hatte Haus für Haus aufgesucht, war die Treppen hoch- und runtergelaufen, hatte an jeder Wohnungstür geklingelt, mein Sprüchlein aufgesagt, dem Mann oder der Frau, die mich misstrauisch aus der nur halb geöffneten Wohnungstür musterten, die Broschüre mit der Liste der zu abonnierenden Presse hingehalten, immer bemüht, höflich zu sein und freundlich zu lächeln. Ich hatte mir schweigend einige Unfreundlichkeiten und dumme Sprüche anhören müssen, hoffend, dass ich wenigstens einen einzigen Abonnenten gewinnen konnte. Manchmal sagte man mir, dass man keinen Bedarf an irgendwelchen Zeitschriften habe, häufiger schloss man nur wortlos, aber geräuschvoll vor mir die Tür. Ich verkaufte kein einziges Abonnement.

Als ich der Sekretärin nun den noch vollständigen Formularblock und die Broschüren zurückgab, nahm sie alles lächelnd entgegen und sagte: »Sie haben uns enttäuscht. Sie haben uns sehr enttäuscht.«

»Gleichfalls«, erwiderte ich, nickte ihr zu und verließ das Büro, wobei ich die Tür zuknallte.

Mein Bruder hatte mit seinen Mitschülern Manker und Veit seit zwei Jahren eine Arbeit bei der Druckerei in der Hubertusallee. Nach Schulschluss fuhren sie zwischen vierzehn und fünfzehn Uhr auf ihren Rädern dort vorbei, holten sich ein großes Bündel Zeitungen, das sie dann nach dem Abendessen in Kneipen und Gaststätten zu verkaufen hatten.

Nach dem Reinfall mit der Agentur fragte ich die drei, ob ich nicht auch für die Druckerei arbeiten könne. Albert wollte auch mit von der Partie sein, da auch er bislang keine Nebenbeschäftigung gefunden hatte. David erkundigte sich bei der Zeitung, und drei Tage später durften wir uns bei dem Mann, der in der

Druckerei die Zeitungen verteilte und mit den Verkäufern am Tag darauf abrechnete, vorstellen. Veit sagte, wir müssten aber behaupten, schon sechzehn zu sein, Jüngere nehme er grundsätzlich nicht.

»Zieht euch so an, dass ihr wie Sechzehnjährige wirkt«, sagte er grinsend.

Am nächsten Tag radelten wir mit David und Manker in die Hubertusallee, Veit erwartete Besuch aus seiner Heimatstadt und hatte die beiden gebeten, für ihn abzurechnen. Hinter der Toreinfahrt der Druckerei war die Tür für die Zeitungsausgabe. Ein älterer Mann mit einer speckigen Kappe sah kurz von seiner Schreibarbeit auf, als wir eintraten. Nach ein paar Minuten winkte er unsere beiden Begleiter zu sich, ließ sich die restlichen Zeitungsexemplare geben, die Makulatur, die er »Macke« nannte, blätterte sie rasch durch und schrieb dann ein paar Zahlen auf einen Block.

»So, ihr Piefkes«, sagte er schließlich, »sieben fuffzig für die Siebenundzwanzig, die Neunundzwanzig nur sechs achtzig und euer Freund, die Nummer Einunddreißig, bekommt acht zwanzig. Unterschreibt hier, auch für euren Freund. – Und wie viel nehmt ihr heute mit? Wieder je hundertzwanzig? Nehmt ihr auch Exemplare für die Einunddreißig mit? – So, na schön. Aber morjen solltet ihr mir eine bessere Abrechnung vorlegen. Unter fuffzig je Blatt, das bringt uns nüscht. Dazu is das Standgeld zu hoch. Ihr seid mir lieb und teuer, aber die Knete muss stimmen.«

David und Manker ließen sich jeder zwei abgezählte und verschnürte Zeitungsstapel sowohl von der *Nachtdepesche* wie vom *Telegraf* geben und nahmen für Veit ebensolche Pakete mit.

Der Mann von der Druckerei winkte uns mit dem Zeigefinger zu sich.

»So, und ihr beede wollt schon sechzehn sein?«

»Sind sie, alle beide«, warf David ein, »sie sind in der Klasse unter uns.«

»Ihr seht mir noch sehr grün aus, aber ick kann et mit euch versuchen. Ihr wisst, wie das Geschäft läuft?«

Ich nickte heftig; »Ja, die beiden haben es uns erklärt.«

»Die *Nachtdepesche* zu zehn, der *Telegraf* kostet fünfzehn. Ihr bekommt drei beziehungsweise dreieinhalb Pfennige. Standgeld kriegt ihr ooch, das sind fünf volle Märker, aber die jibt es erst bei siebzig verkauften Blättern. Darunter jibt es nüschte. Ich bin bereit, es mit euch beiden Grünlingen zu versuchen. Könnt ihr sofort anfangen?«

»Selbstverständlich.«

»Gut, dann gebe ich euch heute von beiden Blättern je fuffzig. Für den Anfang muss das reichen, in der ersten Woche gibt es ohnehin kein Standgeld. Dit ist die Probewoche. Klar?«

Wir nickten.

»Jut. Ich bin Marquardt. Herr Marquardt. Verstanden?«

»Ich heiße Albert, und das …«

»Stop, stop, stop, keene Namen. Ick bin für euch Herr Marquardt. Oder ihr sagt Chef, dit reicht. Verstanden?«

Wir nickten.

»Und ihr seid Nummer Neununddreißig und Vierzig, verstanden. Bei mir werdet ihr unter dieser Nummer geführt, unter dieser Nummer wird abgerechnet. Ich kann mir doch nicht all eure Namen merken. – So, und nun zu eurem Einsatzjebiet. Kommt hierher an die Karte. Seht ihr die vier weißen Flecken? Die Jebiete sind noch frei. Ihr könnt euch jeder eins auswählen.«

Ich sah mich nach David und Manker um und fragte, ob sie uns bei der Auswahl helfen können.

»Die sind alle gleich. Nehmt, was der Kronberger am nächsten ist«, meinte Manker.

Wir tippten auf zwei der weißen Flecke.

»Jut«, sagte Marquardt, »det sind Vierzehn und Fünfzehn. Die gehören ab sofort euch beeden. Prägt euch den Bereich gut ein, damit ihr nicht in einem fremden Revier wildert. Niemals, verstanden, denn das jibt Ärger. Und nun kommt an den Tisch. Ich brauche von euch noch die Kaution. Wisst ihr, was das ist? Ein kleiner Idiot sagte mir einmal, et sei wohl etwas zum Kauen, also zum Essen.«

»Es ist eine Sicherheit, Chef, ein Faustpfand.«

»Jenau. Schließlich drücke ich euch einen Schatz in die Hand. Ich bekomme von jedem zehn Märker. Ihr bekommt von mir einen Kautionsschein. Falls ihr hier aufhört oder ich euch rausschmeiße, bekommt ihr das Geld zurück. Es sei denn, ihr habt bis dahin den Kautionsschein verloren, dann jibt es nüscht. Alles klar?«

Die anderen hatten uns über die Kaution informiert, und wir hatten tatsächlich so viel mitbringen können und legten ihm die Geldstücke auf den Tisch.

»Schön, und hier der Kautionsschein, von mir unterschrieben für Nummer Neununddreißig und Vierzig. Und jetzt bekomme ich von jedem von euch noch zwei Märker für den Regenschutz. Auf der Pelerine steht der Name der Druckerei, damit die Leute wissen, ihr kommt von uns und seid nicht irgendwelche Gauner.«

Er ging zu einem Schrank und nahm zwei Pelerinen für uns heraus, auf denen fettgedruckt der Name der Druckerei stand.

Wir kramten auch noch diese zwei Mark aus der Hosentasche, und nun waren wir wirklich blank und konnten nur hoffen, mit dem Zeitungsverkauf bald wieder zu etwas Geld zu kommen.

»So, und hier eure Bündel, fuffzig Mal *Nachtdepesche*, fuffzig

Mal *Telegraf.* Und Standgeld jibt et wie jesagt erst nach der ersten Woche. Enttäuscht mich nicht, Neununddreißig und Vierzig. Und immer dran denken, Straßenverkauf ist für euch tabu, ihr habt die Kneipen und Gaststätten eures Reviers. Die Straßen sind anders vergeben, werden von anderen Leuten versorgt. Wenn ihr da wildert, erfahre ich das umgehend, und dann jibt's Ärger.«

Er hob die Hand, und damit waren wir entlassen.

Wir verließen mit David und Manker die Druckerei, packten die Zeitungen in unsere Fahrradtaschen und klemmten die billige Regenpelerine auf dem Gepäckträger fest. Mit der schweren Last wollten wir nicht auf die Räder steigen, sondern schoben sie. David und Manker erzählten uns, dass der Straßenverkauf lukrativer sei, da verkaufe man mehr und könne sich überdies eine gute Ecke aussuchen und müsse nicht die Zeitungsbündel durch die Straßen schleppen, doch diese Reviere bekomme keiner der Schüler, das seien alles Leute, die es beruflich machten.

»Das Beste aber sind die großen Betriebe. Da kannst du bei Schichtwechsel innerhalb einer Stunde hundert, hundertfünfzig Zeitungen loswerden. Und wenn dann noch eine zweite Firma daneben liegt, kommt man auf zwei- bis dreihundert. Doch dazu müsste man mit Marquardt befreundet sein, diese Ecken vergibt er nur an seine Kumpel.«

»Oder an die, die ihn bestechen«, meinte Manker.

»Gut möglich. Um zu Geld zu kommen, muss man mit Geld schmieren, sonst läuft der Laden nicht. – Also, nach dem Abendbrot gehen wir los. Vorher lohnt es nicht, da sind die Kneipen leer, und die Rentner, die dort zu der Zeit ihren Kaffee trinken, rechnen mit jedem Pfennig. Die wollen nur einen Blick hineinwerfen, kaufen aber nichts.«

»Und man kann tatsächlich jeden Tag siebzig Zeitungen loswerden? Was ist, wenn man einen rabenschwarzen Tag hat?«, er-kundigte ich mich.

David und Manker lachten auf.

»Ach, Kleiner«, meinte Manker, »es gibt die höhere Mathe-matik, aber auch die kreative Mathematik ist nicht zu verach-ten. Wir rechnen bei diesem Marquardt immer siebzig und mehr Zeitungen ab, egal, was wir verkauft haben. Auch wenn es nur fünfzig oder vierzig waren.«

»Und wie macht ihr das?«

»An solchen Tagen wandern zwanzig, dreißig Zeitungen in den Müll, und ein paar verteilen wir an Freunde.«

»Aber die müsst ihr dann voll bezahlen.«

»Klar.«

»Dann macht ihr mir aber Minus.«

»Das, mein Kleiner, das eben ist kreative Mathematik, von der einer wie Marquardt gottlob keine Ahnung hat. Wenn wir zwanzig dieser Abendblätter dorthin befördern, wohin sie gehö-ren, in den Müll, haben wir einen Verlust von wie viel?«

»Ich weiß nicht. Zwei Mark, drei Mark.«

»Genau. Und schlimmstenfalls verlieren wir vier Mark. Da wir aber mindestens siebzig verkaufte Zeitungen abrechnen, bekommen wir das Standgeld, machen also unterm Strich trotz Verlust zwei, drei Mark gut oder auch nur eine. Vor allem bleiben wir aber nicht unterm Limit, laufen nicht Gefahr, dass Marquardt uns feuert. Und wenn es ein ganz übler Tag ist und wir fünfzig Zeitungen in einen Abfalleimer werfen müssen, selbst dann haben wir einen kleinen Gewinn«, erklärte uns David.

Manker ergänzte noch: »Ihr versteht, wir verlieren etwas mehr als sechs Mark, können aber das Standgeld einstreichen samt den drei und dreieinhalb Pfennigen für die angeblich verkauften Zeitungen. Das ist dann immer noch etwas mehr als unser Verlust, und vor allem, wir behalten die Arbeit.«

»Das, mein Lieber«, meinte David, »das nennen wir kreative Mathematik, von der einer wie Marquardt nichts weiß, die er wohl nicht mal verstehen würde, wenn man sie ihm erklärte. Er kann uns nur mit Nummern anreden, weil er kein Primaner ist, kein Oberprimaner, kein Unterprimaner, nur ein Primat. Verstehst du? Und so ein Primat wird nie begreifen, dass man den vollen Preis einer Zeitung zahlt, obwohl man nur einen Bruchteil zurückerhält. Aber wir wollen es ihm auch nicht stecken, dafür ist das Standgeld zu schön. Und darum müssen wir es unbedingt vermeiden, die restlichen Zeitungen in die Mülleimer in der Nähe der Druckerei zu entsorgen. Durch irgendeinen blöden Zufall könnte jemand ein Bündel allerneuester Zeitungen in einem Abfalleimer finden und es der Druckerei melden. Dann würde unser Marquardt ins Grübeln kommen, bekäme womöglich Kopfschmerzen und das will keiner von uns.«

Manker lachte auf und sagte: »Und begreifen würde er es ohnehin nicht. Er würde uns für Idioten halten, weil wir die restlichen Zeitungen wegwerfen und dann ihm den vollen Preis zahlen müssten.«

Ich hatte auch etwas Mühe, ihre abenteuerliche Rechnung zu verstehen, und meinte: »Das ist schön gerechnet, aber unterm Strich auch etwas teuer.«

»Kleine Verluste gibt es sowieso«, meinte Manker, »unsere natürlichen Feinde sind die Wirte und die Kellner. In meinem Revier habe ich in zwei Gaststätten Hausverbot, und in drei Kneipen erwartet der Wirt von mir, dass ich ihm eine *Nachtdepesche* schenke. Das ist dann ein Minus von dreißig Pfennigen für mich, aber wenn ich dafür zehn Exemplare in seiner Kneipe loswerde, komme ich unterm Strich auf mein Geld. Immer kreativ bleiben, Jungs.«

»Und noch eins«, warf David ein, »etwas, auf dass ihr unbedingt achten müsst. Der Zeitungsverkauf ist uns von unserem Sybelius nicht direkt verboten worden, aber möglicherweise nur, weil er nichts davon weiß. Ihm wäre es sicher lieber, wir würden unsere Freizeit als ehrenamtliche Helfer im christlichen Pflegeheim in der Königsallee zubringen oder in der Kreuzkirche die Bänke putzen und dem Küster helfen. Also, im Internat ist großes Stillschweigen angesagt. Verstanden?«

Wir nickten, wir waren ihnen sehr dankbar.

Nach dem Abendessen nahmen Albert und ich unsere Räder und zogen los. Ich hatte mir mein Revier zuvor im Stadtplan noch einmal genau angesehen und mir eine Route zurechtgelegt und notiert, auf der ich durch alle mir erlaubten Straßen ohne Umwege kam.

Bei der ersten meiner Kneipen stellte ich das Fahrrad an der Hauswand ab und schloss es an. Dann öffnete ich eine der beiden Taschen, die ich auf Anraten von Manker mit winzigen Vorhängeschlössern gesichert hatte und entnahm ihr zwanzig Zeitungen, zehn *Nachtdepeschen* und zehn Exemplare vom *Telegrafen*.

Im Windfang der Kneipe fächerte ich die Blätter auf und hielt sie mit dem linken Arm fest, dann trat ich ein, schaute mich kurz nach dem Wirt oder Kellner um und lief dann von Tisch zu Tisch. Der alte Kellner sah mich nur kurz an, sagte aber nichts, und die Gäste schüttelten den Kopf oder beachteten mich überhaupt nicht. Ich wurde keine einzige Zeitung los.

Nach drei Stunden hatte ich lediglich dreißig Zeitungen verkauft und dabei etwa sechzig Pfennig Trinkgeld eingenommen. Als ich in einer Stampe in der Westfälischen mit meinen Zeitungen die Tische ablief, sah ich plötzlich David an der Tür stehen, er beobachtete mich. Ich beendete meine Runde und ging zu ihm.

»Wo kommst du denn her?«

»Ich war auf dem Heimweg und sah dein Rad. Komm, wir müssen jetzt zurück, sonst sind wir zu spät.«

Wir verließen die Kneipe, nahmen unsere Fahrräder, David steckte einen Teil meiner nicht verkauften Blätter in seine Fahrradtasche, dann fuhren wir los.

»Wie viele hast du verkauft?«, fragte er mich.

»Siebenunddreißig nur.«

»Das ist für deinen allerersten Tag gar nicht übel. Marquardt wird nicht zufrieden sein, aber in der ersten Woche kann er nicht zu viel erwarten. Du rechnest genau ab, denn kreative Mathe geht nur, wenn du Standgeld bekommen kannst. Versuche nur, jeden Tag etwas mehr zu verkaufen, dann sieht er, dass du dich bemühst.«

»Verstehe.«

»Aber du gehst das falsch an. Du läufst nur von Tisch zu Tisch und hältst die Blätter hin. Du musst etwas sagen. Schau dir zuvor die Zeitungen an und suche dir ein, zwei Meldungen heraus, und die verkündest du dann an jedem Tisch. Irgendwas mit Mord und Totschlag. Oder ein kleiner Skandal aus dem Stadtbezirk. Eine kleine Schweinerei ist auch immer gut. Schau dir die Leute an, sieh in ihre Gesichter, dann siehst du, was sie interessiert. Eine kurze, knappe Schlagzeile, die auf dich aufmerksam macht und die die Leute interessiert, reicht schon.«

»Danke. Ja, das war wohl ein Fehler.«

»Wird schon, Daniel. – Und noch eins, schließ immer das Rad ab, an jeder Kneipe. Wenn dich einer beobachtet, weiß er genau, dass du erst in vier oder fünf Minuten wieder auftauchst. Vorsicht ist die Mutter der Porzellankiste.«

»Ja, werde ich machen.«

Wir waren mittlerweile am Schülerheim angekommen, schlossen die Räder an, und David bog in Richtung seines Zimmers ab.

»Antío, Kleiner!«

»Gute Nacht.«

Nun hatte sich mein Tagesablauf verändert: Nach der Schule beeilte ich mich, ins Schülerheim zu kommen, um zu essen und die Hausaufgaben zu erledigen, damit ich mit Albert pünktlich an der Druckerei war. Marquardt erwartete uns zwischen zwei und drei, wer bis drei nicht erschienen war, wurde angeschnauzt oder stand vor einer verschlossenen Tür, und das war montags für uns ein Problem, da wir an dem Tag bis zwei Uhr in der Schule waren.

Zuerst hatten wir abzurechnen, auf einem Vordruck hatten wir notiert, wie viele Zeitungen wir verkaufen konnten, Marquardt kontrollierte ab und zu und zählte rasch und sehr flüchtig die zurückgegebenen Exemplare, aber öfter nahm er den Vordruck nur mit einem Kopfnicken entgegen, notierte die Zahlen und rechnete die uns zustehenden Pfennige aus. Mit dem Geld gab er uns die neuen Zeitungsbündel.

Ab der zweiten Woche gab es tatsächlich auch für Albert und mich Standgeld, und erst ab dieser Zeit wurde dieses Geschäft für uns finanziell interessant. Wir folgten den Regeln der kreativen Mathematik, um an jedem Tag außer den drei und dreieinhalb Pfennigen auch das Standgeld zu kassieren.

Wir bemühten uns, an jedem Wochentag spätestens um drei am Stellplatz zu sein, und wenn einer von uns verhindert war, hatte der andere für ihn abzurechnen, damit uns die Pauschale nicht verloren ging. Wir wussten, wenn wir erst am übernächsten Nachmittag auftauchten, also einen Tag später abrechneten, fielen die fünf Mark weg und es gab lediglich die drei Pfennige pro Zeitung, die jedem von uns höchstens zwei Mark einbrachten. Mit den Zeitungen beladen, klapperte dann jeder für sich die Gaststätten und Kneipen der uns zugewiesenen Gebiete ab.

Nach den ersten Tagen kannte sich jeder in seinem Revier aus. Ich wusste, in welcher Kneipe ich mehrere Zeitungen verkaufen konnte und wo es fast aussichtslos war, weil die Stammkunden keine Zeitungen lasen.

Nach ein paar Wochen hatte ich in meinem Revier auch fünf feste Abnehmer, alte Leute, die kaum noch laufen konnten und denen ich ihr Abendblatt an die Wohnungstür lieferte, was mir jedes Mal ein paar zusätzliche Groschen einbrachte.

Einer der Alten, den ich mit »Herr Professor« anzusprechen hatte und der mich stets als seinen Studenten bezeichnete, schaute, wenn ich bei ihm klingelte, zuerst durch den Türspion. Ich konnte sein Auge erkennen und grüßte ihn, indem ich die Zeitung vor sein Guckloch hielt. Ich hörte, wie er zwei Schlösser aufschloss und einen Eisenriegel zurückschob, bevor er die Tür öffnete. Bei jedem Besuch gab er mir eine Mark und verzichtete auf sein Wechselgeld.

»Mein Student soll auch leben«, sagte er dabei immer, dann griff er nach seiner Zeitung, verschloss wieder sorgfältig seine Wohnungstür, die beiden Schlösser schnappten vernehmlich ins Schloss, und der eiserne Riegel wurde vorgeschoben.

Ich blätterte, bevor ich allabendlich mit den Zeitungsstapeln mein Revier abklapperte, im Internat stets die beiden Abendausgaben rasch durch, um eine Nachricht zu finden, die aufsehenerregend genug war, um bei den Gästen in den Kneipen Interesse zu wecken. Mit zwei Sätzen über einen Mord oder einen möglichst sensationellen Einbruch vermochte ich Käufer zu gewinnen. Das Ereignis musste unbedingt in Berlin stattgefunden haben, am besten in meinem Revier. Dann musste es gar nicht mal eine reißerische Meldung sein, nahezu jedes Geschehen im eigenen Kiez brachte an jedem Kneipentisch irgendeinen dazu, mir eine Zeitung abzukaufen, selbst wenn es nur eine Bekanntmachung von lokaler Bedeutung vom Bürgermeister des Stadtbezirks war.

Stets waren es diese zwei knappen Sätze, die über den Verkauf der Blätter entschieden, und die wählte ich an jenen Tagen besonders bedacht aus, an denen es nur Meldungen aus der Politik gab oder von Kriegen und Scharmützeln in fernen Ländern, an denen die Leute nicht interessiert waren.

In den Kneipen waren wir geduldet, in einigen Gaststätten jedoch wurden wir von den Kellnern rüde abgewiesen, sie warfen uns vor, ihre Gäste zu belästigen, und verwiesen uns des Hauses.

Eine der Gaststätten meines Reviers durfte ich nicht einmal betreten. Das war das *Asia*, eine Baracke, die in die Reste einer Kriegsruine hineingebaut worden war und vor deren Eingang ein bullig wirkender Glatzkopf stand, der darüber entschied, wer Einlass bekam und wer nicht. Ich versuchte dreimal, mit meinen Zeitungen in diese Bar hineinzukommen, wurde aber stets von dem Kerl rüde vertrieben, der mit einem Bein auf der Straße stand, das andere stand hinter der halbgeöffneten Tür. Ich wollte ins *Asia*, weil dort Striptease-Tänzerinnen auftraten, denen ein junger Elefant assistierte. Meine beiden Abendzeitungen hatten darüber mit ausführlichen Beschreibungen und Fotos berichtet. Der junge Elefant nahm mit seinem Rüssel den Tänzerinnen die abgelegten BHs und Höschen ab und legte sie dann auf einen Stuhl. Nach den ersten Pressemeldungen über die Vorstellungen im *Asia* standen die Leute dort Schlange, doch drei Wochen später machten die Tierschützer diesem Spektakel ein Ende.

Wenn es regnete oder schneite, waren wir glücklich. Sobald im Gymnasium die ersten Regentropfen an die vier großen Fenster klopften oder Schneeflocken zu sehen waren, stieß Albert mich an, deutete auf die Fenster und rieb Daumen und Zeigefinger aneinander. Ich nickte und wir lächelten für einen Moment.

Bei Schnee und Regen gab es ein besseres Trinkgeld, das war immer so. Man wurde an den verregneten Nachmittagen zwar klitschnass, die Haare trieften, und man hatte Mühe, all seine Zeitungen trocken zu halten, da einem keiner einen nassen Papierfetzen abnahm, doch es lohnte sich mehr als sonst. Einmal kaufte mir an einem völlig verregneten Tag ein älterer Mann sämtliche Zeitungen ab, mit denen ich in der Kneipe erschienen war, elf *Nachtdepeschen* und vierzehn Exemplare vom *Telegrafen*, freilich war der Mann schon recht angetrunken.

Für die Regentage hatten wir die Pelerinen aus billigem hellblauem Plastik mit dem Namen der Druckerei auf dem Rücken, die wir bei Marquardt hatten kaufen müssen. Sie ließen sich schwer zusammenfalten und dienten weniger als Regenschutz für uns, wir benötigten sie vielmehr, um unsere Zeitungsbündel trocken zu halten.

Siegbert, unser Klassenprimus, hatte auch beim Geldverdienen die Nase vorn. Ihm war es gelungen, eine nahezu feste Anstellung als Balljunge bei Paicos, dem Tabakmillionär, zu ergattern. Er war in der Schule ein Meister im Anwanzen, so dass ihn fast alle Lehrer immer wieder lobten und als Vorbild hinstellten, und so wird er sich auch bei dem Tabakmillionär eingeschleimt haben. Oder dieser Besserwisser, der »Know-it-all«, wie wir ihn nicht nur hinter seinem Rücken nannten, hatte einfach ein unverschämtes Glück.

Zwei- bis dreimal in der Woche spielte er an den Nachmittagen für mehrere Stunden bei Paicos den Balljungen. Das war leicht verdientes Geld, er hatte nur zu rennen und dabei aufzupassen, keinesfalls das Spiel zu stören oder gar einem der Tennisspieler den Weg zu versperren, und bekam dafür zwei Mark fünfzig für die Stunde. Das war sehr viel mehr, als der Sportklub Blau-Weiß bezahlte, wo jeder Balljunge pro Stunde lediglich fünfzig Pfennige erhielt.

Wie der Angeber uns erzählte, beeindruckte es den Millionär, dessen Ehefrau und die Gäste, wenn er, um einen Ball aufzuheben, mit einem sogenannten Scherensprung über das Netz sprang, ohne es zu berühren. Diesen Sprung nannte er *den Stiersprung*, so wie er alles, was er tat, als eine außerordentliche Leistung darstellte, die ihn seiner Meinung nach vor allen auszeichnete. Er wurde von allen gehasst, von den Mitschülern wie den Jungen im Internat, aber das kümmerte ihn nicht, und ich vermutete immer, er war darauf sogar stolz, da auch dies ihn wieder von allen anderen unterschied.

Bei Paicos jedenfalls hatte er eine Stelle gefunden, um die wir ihn alle beneideten, da er jedes Mal für die drei, vier Stunden auf dem Tennisplatz hinter der Villa zehn Mark erhielt. Diese Villa, ein prächtiger Bau auf einem riesigen, stets gepflegten Grundstück mit vier Garagen auf der Straßenseite und einem großen Park hinter dem Haus, in dessen Mitte sich der Tennisplatz befand, stand unserem Wohnheim schräg gegenüber. Siegbert hatte also nur die Straße zu überqueren, während wir anderen weite Wege hatten und eine halbe Stunde brauchten, ehe wir überhaupt bei der Druckerei oder der Agentur waren.

Auch Basti hatte eine lohnende Beschäftigung gefunden, bei der er zwar seltener als Siegbert etwas zu tun bekam, dafür aber auch im Winter gebraucht wurde. Er arbeitete für den Blumenladen am Roseneck als sogenannter *Fleurop-Rosenkavalier*. Auf dem Heimweg von der Schule ging er jeden Tag an dem kleinen Blumenladen vorbei, um sich zu erkundigen, ob es für ihn Aufträge gäbe. Wenn dies der Fall war, ließ er seine Schulsachen im Laden liegen und brachte den bestellten Blumenstrauß zu der auf dem Kuvert notierten Adresse oder kam, falls eine bestimmte Uhrzeit für die Übergabe vorgegeben war, zu dieser Zeit nochmals in den Blumenladen, um die Blumen abzuholen und zum Empfänger zu bringen. Diese wohnten alle in der näheren Umgebung.

Der Blumenladen gab ihm für jeden seiner Botendienste zwar nur fünfzig Pfennige, aber es gab fast immer ein Trinkgeld, eine Mark oder auch zwei. In manchen Wochen hatte Basti nur einen einzigen Blumengruß auszutragen, aber es gab auch Zeiten, wo drei oder vier Aufträge am Tag anfielen. Und wenn im Oktober die beiden Gärtner von Paicos den Tennisplatz winterfest machten und Siegbert dann sechs Monate lang keinen Pfennig verdiente, musste sich Basti keine Sorgen machen, denn im Winterhalbjahr gab es mehr Aufträge als im Sommer, und in der Zeit um Weihnachten und Silvester benötigte der Blumenladen am Roseneck manchmal für mehrere Stunden am Tag seine Hilfe.

Basti wie Siegbert bemühten sich, ihren Arbeitgebern jederzeit zur Verfügung zu stehen und keinen Termin zu versäumen, damit nicht ein Ersatzmann für sie einspränge, der womöglich mehr beeindruckte als sie selbst. Basti blieb deswegen zum Jahreswechsel immer in Berlin, da er ohnehin nicht zu seinen Eltern fahren konnte, denn in Thüringen drohte ihm der Jugendwerkhof. Da das Wohnheim in den Weihnachtsferien geschlossen war, wohnte er bei einer Tante in Steglitz und rief von dort aus jeden Vormittag im Geschäft am Roseneck an, um sich nach Aufträgen zu erkundigen.

Ich beneidete ihn, denn mit dem Zeitungsverkauf nahmen ich und die anderen sehr viel weniger ein, aber ihm gönnte ich es. Ganz im Unterschied zu Siegbert, der es fertigbrachte, uns noch zu verhöhnen, weil wir stundenlang und bei jedem Wetter unterwegs waren, nur um ein paar Pfennige pro verkaufter Zeitung zu verdienen.

»Den Seinen gibt's der Herr im Schlaf«, sagte er grinsend, »und manche sind halt nur die schlecht bezahlten Ruderknechte, die Galeerensträflinge.«

Dann lachte er laut auf und klimperte mit den Münzen in seiner Tasche.

V Mit Kranichen zweispännig pflügen

Die alten Sprachen waren, wie ich es erwartet und befürchtet hatte, die schwierigsten Schulfächer, zumal die C-Klassen bis zum Abitur zusätzlich zum vorgesehenen Lehrstoff des Gymnasiums noch ein Nachholpensum zu bewältigen hatten.

Latein gefiel mir. Eine klare, schöne Sprache, die mir durch Spanisch und Italienisch vertraut schien, zwei Sprachen, die ich zwar nur äußerst mangelhaft und eingeschränkt kannte, aber die für mich eine Brücke zu der toten Sprache schlugen. Doktor Breyer, der uns in diesem Fach unterrichtete, hatte die Marotte, die grammatikalischen Regeln durchzunummerieren. Die Ziffernfolge ergab sich aus dem Fortgang seines Unterrichts, die Regel, die er in der allerersten Stunde lehrte, war damit Nummer eins, die anderen folgten entsprechend, und er bezog sich stets nur auf diese Nummerierung. Wir vermuteten, dass er in allen Klassen, in denen er Latein unterrichtete, dasselbe System eingeführt hatte und dass darum in jeder Klasse seine Lektionen völlig identisch sein mussten.

Beim Griechischen fehlte mir ein Zugang durch vertrautere Sprachen, und daher blieb diese Bildungssprache für mich abstrakt und tot. Ich lernte sie eher mechanisch, paukte die Vokabeln, lernte bestimmte Satzkonstruktionen auswendig, versuchte mir ganze Sätze einzuprägen. Ich fand keinen Weg zu dieser Sprache und war daher entschlossen, mich, wenn in zwei Jahren eine weitere Sprache zu wählen sein würde, für Französisch oder Spanisch anzumelden, aber keinesfalls für Hebräisch. Der Griechischlehrer, Doktor Friedrich Michalka, war als sehr junger Mann direkt nach dem Abitur zur Wehrmacht eingezogen worden und hatte zwei Jahre in Griechenland als Infanterist gedient. Er erzählte uns viel von seiner Soldatenzeit, die für ihn offenbar ein großes Abenteuer gewesen war.

Einige seiner Geschichten hielten wir für unglaubwürdig. Wir amüsierten uns, wenn er von Lastenseglern ohne Motor erzählte. Das seien Segelflugzeuge gewesen, die mit schwerer Last hochgezogen wurden und dann lautlos über die Frontlinie schwebten. Oder wenn er von Kriegsschiffen sprach, die nicht aus Stahl, sondern aus Beton hergestellt worden seien. Gegen Ende des Krieges sei in Deutschland der Stahl knapp geworden, und so war die Heeresleitung darauf verfallen, Betonschiffe zu bauen, wobei durch die Betonschalung kostensparender Serienbau möglich wurde. Auch seien die Pflege und die Reparaturen bei diesen Schiffen viel leichter und billiger als bei den Stahlschiffen.

Nach zwei Jahren habe seine Einheit in Griechenland kapituliert und sie seien alle in ein Kriegsgefangenenlager verbracht worden. Dort hatten er und andere deutsche Soldaten in der Landwirtschaft arbeiten müssen. Mit zwei Pferden oder auch nur zwei Ochsen und mit einem altertümlichen Pflug habe er die Felder beackert, dennoch war es für ihn eine lehrreiche und beglückende Zeit. Er habe die griechischen Bauern und ihre Familien kennengelernt und ihre Sprache, er habe tagtäglich in einer der schönsten Landschaften dieser Welt gearbeitet mit einem erstaunlichen Tier- und Pflanzenreichtum, wobei er besonders von den Kranichen schwärmte.

Die Jahre in Griechenland bestimmten fortan sein Leben. Entlassen aus der Kriegsgefangenschaft, studierte er Griechisch und, da es für das Neugriechische kaum einen Bedarf an Lehrern gab, auch Altgriechisch und erwarb die Facultas Docendi, die Lehrbefähigung.

Durch seine Erzählungen und seine Begeisterung für Griechenland erwarb er sich den wohl nicht nur an unserem Gymnasium längsten Spitznamen eines Lehrers, hieß er seiner Geschichten wegen bei uns doch »Mit Kranichen zweispännig pflügen«.

In allen anderen Fächern hatte ich keine Schwierigkeiten. Die Klassenlehrerin Fräulein Marmarschke war eine sehr große und hagere Frau mit einer seltsamen rötlichen Hautflechte unter dem rechten Auge, die sie stark puderte. Sie war eine begeisterte Leserin und bemühte sich, uns über den Schulstoff hinaus für die Bücher ihrer geschätztesten Autoren zu gewinnen, für Gottfried Keller, Gustav Freytag und Edzard Schaper und ganz besonders für die Romane von Werner Bergengruen. Leidenschaftlich liebte sie die Lyrik und versuchte uns die Schönheit ihrer Lieblingsverse nahezubringen. Uns Vierzehn- und Fünfzehnjährigen waren die von ihr vorgetragenen Verse – die meisten der Gedichte las sie nicht ab, sondern rezitierte sie aus dem Gedächtnis – zu verquast und verworren, wir empfanden sie als nichtssagendes Wortgeklingel und schätzten mehr die härteren und klareren Sätze eines Hemingway.

Fräulein Marmarschke war eine überaus freundliche Frau, immer bemüht, uns zu helfen, unser Verständnis für die schwierigeren Grammatikregeln wie das Futur zwei oder die Präpositionen mit zwei Kasus oder gar einem schwankenden Kasus zu wecken. Man merkte ihr an, dass es sie geradezu schmerzte, wenn sie einem von uns ein Unbefriedigend erteilen musste. Am Ende der Stunde bat sie den Betreffenden zu sich an den Lehrertisch, um mit ihm zu besprechen, wie er seine Leistungen und damit seine Schulnote verbessern könne.

Der Mathe-Unterricht bei Bellnitz forderte von uns allen größte Aufmerksamkeit, da Bellnitz sehr rasch voranging und unsere Verständnisschwierigkeiten nur kopfschüttelnd zur Kenntnis nahm, um dann im Stoff fortzufahren.

In der ersten Stunde hatte er die Klasse belehrt, dass die korrekte Form der Anrede an ihn nicht Herr Prof. Dr. Kurt Bellnitz sei, denn damit würde man die akribisch genaue Sprachlehre und die althergebrachte Sitte verletzen. Der Vorname habe stets vor dem Titel zu stehen, folglich habe man ihn mit Herr Kurt Professor Doktor Bellnitz anzusprechen, alles andere offenbare nur Unwissen und ordinäre Pöbelhaftigkeit. Eine daraufhin aufkommende Heiterkeit unterband er, indem er sich umgehend der Wandtafel zuwandte und die Schüler mit rasch hingeschriebenen Formeln eindeckte.

So skurril und schroff Bellnitz auch wirkte, er war wohl der respektierteste Lehrer am Gymnasium, zumal er nur wenige Klassen unterrichtete, da er gleichzeitig als Mathematik-Professor an der Freien Universität angestellt war. An den Umgang mit Studenten gewöhnt, ging er kaum auf Verständnisschwierigkeiten ein, beantwortete Anfragen und Einwände nur mit einer knappen Handbewegung oder lediglich mit einem Hinweis auf ein Kapitel im Schulbuch.

Bellnitz war gleichermaßen geachtet wie gefürchtet, und wie ich bald mitbekam, wurden über ihn so viele Geschichten und Anekdoten erzählt wie über keinen unserer anderen Lehrer.

Dass wir uns über seine bizarren Gewohnheiten und kleinen Patzer amüsierten, drückte unsere Anerkennung aus, erzählte aber auch etwas von seiner gefürchteten Autorität. Er war der heimliche König des Gymnasiums, was auch die Lehrerschaft und Herr Seeger, der Direktor, anerkannten, da der Mathematiklehrer nicht nur ihr Kollege, sondern auch ein an der Universität geschätzter Professor war, dessen Schulstunden bei uns offenbar einer altruistischen und völlig uneigennützigen Laune von ihm geschuldet waren, jedenfalls hatten wir keine andere Erklärung dafür, dass er uns unterrichtete.

Wir schätzten und bewunderten ihn, doch ein wirklich guter Lehrer und Pädagoge war er wohl nicht, denn abgesehen von den drei, vier Koryphäen in der Klasse, zu denen selbstverständlich auch Siegbert zählte, die in seinem Unterricht mithalten konnten, begriffen wir anderen vor allem, dass wir von der höheren Mathematik wenig Ahnung hatten. Trotzdem waren wir stolz darauf, dass er sich für einen Unterricht in allen Klassen des C-Zweiges entschieden hatte, und nur in diesen Klassen, weil den Ostdeutschen, wie er sagte, in der Grundschule etwas mehr mathematisches Verständnis beigebracht worden sei.

Religionsunterricht erteilte uns Pfarrer Cognata, der Schulpapst, wie ihn alle Schüler nannten. Außer dem Unterricht in den Klassen hielt er die allwöchentliche Andacht in der Aula, und sonntags predigte er in der Kreuzkirche. Seine Schulstunden waren stets ein Gemisch von Christenlehre und Gegenwartskunde, und er stellte uns kenntnisreich die Weltreligionen vor.

Auch bei ihm gab es Noten, doch beurteilte er, wie er häufiger ausführte, allein unsere Mitarbeit in seinem Fach, da er ein Glaubensbekenntnis und eine religiöse Haltung nur zu respektieren, nicht aber zu bewerten habe. Folglich nahmen wir seine Unterrichtsstunden gelassen und locker hin, beteiligten uns sehr zurückhaltend, zumal die Note in diesem Fach kaum eine nennenswerte Bedeutung auf dem Maturazeugnis haben würde. Als wir bereits in der Untersekunda waren, schlief Albert einmal mitten in der Religionsstunde ein, was Pfarrer Cognata aber erst bemerkte, als Albert vernehmlich schnarchte.

In der Untersekunda hatten wir Sexualkunde. Die Jungen

wurden vom Schulpapst aufgeklärt, die Mädchen getrennt von uns von der Sportlehrerin. Was uns Cognata mitzuteilen hatte, war äußerst dürftig, und wir konnten uns kaum das Lachen verkneifen. Zum Ende seiner Unterrichtung gab der Pfarrer jedem von uns eine Broschüre in die Hand mit dem Titel *Reif werden und rein bleiben*. Auch in diesem Heftchen wurde alles umständlich und verschwurbelt beschrieben, der Autor dieses Machwerks konnte sich nur verdruckst und verkrampft äußern und sprach von der »Sünde der Selbstbefleckung«, so dass diese Broschüre unsere Lieblingslektüre im Internat wurde.

Die übermäßige Religionsunterweisung und die ständigen Andachten im Gymnasium wie im Internat stärkten nicht unseren Glaubenseifer, sondern führten zu einem allgemeinen Überdruss, zumal die Mädchen in der Klasse in medizinische Berufe strebten und die Jungen sich mehrheitlich für technische Berufe interessierten. Drei von uns wollten Architekten werden, keiner in der Klasse hatte vor, Theologie oder Religionsgeschichte zu studieren.

Doch die amüsanteste Lehrerin war und blieb Anna Kehl, die Russischlehrerin, die uns, ohne jede Ausbildung und Befähigung für eine Lehrtätigkeit, kaum mehr als ein paar russische Gebete – Господь мой Пастырь в жаркий летний полдень/Gospod moy Pastyr v zharkiy letniy polden – beibrachte, stattdessen ließ sie ihrem Zorn über die Machthaber im Kreml und Unterdrücker ihrer lettischen Heimat freien Lauf. Wir kannten uns in den osteuropäischen Ländern wenig aus, waren nur eingeschränkt an den politischen Vorgängen in der Welt interessiert, so dass uns ihre Tiraden eher amüsierten als beeindruckten. Die Ära des Kalten Krieges, wie die Lage zu jener Zeit bezeichnet wurde, ging an uns vorbei, dafür waren wir zu jung und zu sehr an anderen Dingen des Lebens interessiert.

Unser Sportlehrer hieß Frühbus, Horatius Frühbus, ein für uns so lächerlicher Name, dass wir ihn immer wieder spöttisch verdrehten und ummodelten, doch wir schätzten ihn. Er war, wie es hieß, vor vielen Jahren ein bekannter Profihandballer gewesen, und so wurden seine Stunden bevorzugt für Ballspiele genutzt, was uns recht war. Frühbus sorgte auch dafür, dass in jedem Jahr ein Handballturnier an unserem Gymnasium stattfand, das für die Klassen des C-Zweiges besonders wichtig war.

VI Der Erweckungsprediger

Im Internat wohnten immer auch zwei, manchmal sogar drei Absolventen der Freien Universität, die *Adjunkten*, wie Sybelius sie nannte. Das waren Studenten, die ihre Examen bereits bestanden hatten und an ihrer Doktorarbeit saßen. Jeder von ihnen hatte im Internat ein eigenes kleines Zimmer zugewiesen bekommen und musste als Gegenleistung die Aufsicht führen. Sie nahmen an den gemeinsamen Mahlzeiten teil, waren bei Problemen für uns ansprechbar und hatten an jedem Abend, wenn der Internatsleiter, Fräulein Rothermund und die Köchin das Haus verließen, Aufsicht über die Internatsschüler zu führen, das Haus um zweiundzwanzig Uhr zu verschließen und in der Nacht säumigen Schülern die Haustür zu öffnen und ihre Verspätung im Hausbuch einzutragen, das in der sogenannten Pförtnerloge lag, einem winzigen Zimmer, das vor dem Umbau der Villa zum Internat und dem Einbau der Toiletten und Duschen im Kellergeschoss eine Gästetoilette gewesen war.

Einen dieser Adjunkten, Jens Kallinger, schätzte ich besonders. Alle im Internat nannten ihn »Faro«, und als ich ihn nach dem Grund für diesen Spitznamen fragte, lächelte er und meinte: »Vermutlich, weil ich zu viel von Faro schwärme.«

Er erzählte mir, dass er nach seinem Diplom für ein halbes Jahr in dieser kleinen Stadt in Südportugal gelebt hatte.

»Hast du dort gearbeitet?«

»Ja, natürlich. Blieb mir ja nichts anderes übrig, denn mit dem bisschen Geld, das ich umtauschen durfte, hätte ich nur vier Wochen in Portugal überstanden. Ich war froh, dass ich am Strand Praia de Faro als Masseur und Badeaufsicht arbeiten durfte.«

»Als Masseur?«

»Ja. Während des Studiums lebte ich in Bonn mit einer Masseurin zusammen. Die hat mir einiges beigebracht. Und in Faro wollten sie kein Diplom und kein Papier von mir sehen, ich musste ihnen nur zeigen, was ich kann, und dann haben sie mich genommen. Gott sei Dank, denn mit meinem Beko-Geld ging es heftig zu Ende.«

»Dem was? Was ist Beko-Geld?«

»Habt ihr das im Osten nicht? Die Beko-Mark. Die beschränkt konvertierbare Mark.«

»Nein, nie gehört.«

»Könnt ihr im Osten kein Geld umtauschen? Ich meine, in harte Währung?«

»Du meinst Dollar oder Schweizer Franken? Nein, das ist ausgeschlossen.«

»Wir hatten damals die Beko-Mark. Da konnte jeder eine kleine Summe im Jahr ansparen. Das waren zwar nur tausend Mark von dieser Sorte, aber damit konnte man endlich mal ins Ausland fahren.«

»Und wo kann man die umtauschen?«

»Das ist vorbei. Seit einem Jahr ist unsere Mark komplett konvertierbar, du kannst sie heute überall in jede beliebige Währung umtauschen. Jetzt kannst du reisen, wohin du willst.«

»Ein sehr seltsames Wort, Beko-Mark.«

»Seltsam, ja, aber damals sehr hilfreich.«

Faro hatte Politikwissenschaft studiert, ein Studium, unter dem ich mir wenig vorstellen konnte. Ich fragte ihn, ob man mit einem Examen in der Politikwissenschaft dann Politiker werden könne, aber da lachte er und meinte, das Studium befähige vielmehr dazu, politische Entwicklungen in der Vergangenheit und Gegenwart einzuordnen. »Zu wissen, wie Politik funktioniert und warum Politiker bestimmte Entscheidungen treffen, hat mich schon immer fasziniert.«

»Und die Politiker interessiert das?«, erkundigte ich mich.

»Oh, da gibt es bei unseren Politikwissenschaftlern ein paar Koryphäen, auf deren Urteil alle Führungskräfte größten Wert legen. Sie haben durchaus Einfluss und können unter Umständen Karrieren befördern oder gar zerstören. Von einem dieser Wissenschaftler auseinandergenommen zu werden ist für die weitere Karriere nicht sehr hilfreich.«

Faro hatte zwei Zeitungen und mehrere Zeitschriften abonniert, die er uns nach seiner Lektüre großzügig überließ, wenn er auch aus diesen einiges ausgeschnitten hatte. Durch ihn bekam ich den Eindruck, Politikwissenschaft bestehe vor allem aus Lesen von Zeitungen und dem Ausschneiden bestimmter Artikel.

Als ich das Faro gegenüber äußerte, lächelte er: »Nicht so falsch, wie es klingt, Daniel«, sagte er, »das aktuelle Geschehen müssen wir sehr genau beobachten. Ein Nebensatz verrät oft mehr, als es dem, der ihn geäußert hat, lieb ist. Wenn du wirklich wissen willst, was Politikwissenschaft ist, kann ich dir das für mich spannendste Buch dieser Wissenschaft zum Lesen geben. Es heißt *De principatibus* oder *Il Principe*, auf Deutsch *Der Fürst*, und wurde vor fünfhundert Jahren von einem Italiener verfasst, Niccolò Machiavelli. Im Grunde steht in diesem *Il Principe* schon alles über Staat und Herrscher, was ich in den letzten zehn Semestern an der Uni lernte. Offenbar ist in den Grundsätzen der Staatsraison in den letzten Jahrhunderten nichts Wesentliches dazugekommen.«

»Da würde ich gern einmal hineinschauen.«

»Ich bring es dir zum Abendbrot mit. Aber mit diesem Schatz musst du kostbar umgehen. Es ist meine Bibel, verstehst du, und daher ein wenig abgegriffen.«

»Deine Bibel? Lass das besser nicht Sybelius hören.«

»Oh, er ist weniger engstirnig, als du glaubst. Er weiß, dass ein jeder Mensch seine ganz eigene Bibel hat, und das muss nicht die des Christentums sein, es muss noch nicht einmal immer ein Buch sein. Ich jedenfalls komme mit Sybelius gut aus.«

»Jaja, Sybelius ist schon in Ordnung. Und unsere Rothermund sowieso.«

Faro war freundlicher als die anderen, er verzichtete, wenn einer von uns erst nach zehn Uhr zurückkam, aber eine gute Entschuldigung vorzubringen hatte, auf einen Eintrag im Hausbuch, was einem beim Frühstück am nächsten Morgen einen Tadel von Sybelius ersparte.

Nachdem Faro schon einige Monate bei uns war – er war kurz nach mir eingezogen –, hatte ich mich von einem meiner Zeitungsstammkunden in ein Gespräch verwickeln lassen und war erst um Viertel nach zehn am Internat gewesen, wo Faro gerade in der Diele Zeitung las. Nachdem ich mich lang und breit entschuldigt und er mir versichert hatte, Stillschweigen zu bewahren, deutete er auf einen Artikel mit dem Foto eines Mannes, der mit erhobenen Händen auf einer Bühne stand.

»Hier, schau mal, Billy Graham kommt im Herbst wieder nach Berlin! Er wird im September und Oktober wieder in der Stadt predigen.«

Der Name sagte mir nichts, und Faro klärte mich auf, dass Graham ein amerikanischer Baptistenpastor sei.

»Er nennt sich selbst *Das Maschinengewehr Gottes*«, sagte er, »er ist ein Erweckungsprediger, verstehst du, ein Evangelikaler.«

»Und was ist ein Erweckungsprediger? Das Wort habe ich noch nie gehört.«

»Das ist typisch für Amerika. Da kommen Tausende zu seinen Predigten und werden plötzlich fromm, werden erweckt. Und Graham predigt wie ein Besessener, tatsächlich wie ein Maschinengewehr. Es heißt, er habe Lahme wieder gehend gemacht und Blinde sehend. Wie Jesus. Jedenfalls hat er einen enormen Zulauf. Ich habe ihn einmal vor fünf Jahren erlebt, da hat er hier im Olympiastadion gepredigt, und es sind hunderttausend gekommen.«

»Und? Hat er da auch Wunder vollbracht?«

»Na ja, wenn so ein Erweckungsprediger das Olympiastadion füllen kann, dann ist das schon ein Wunder. Wie viel kommen zu Cognata in die Kreuzkirche? Vielleicht hundert, und wenn es viele sind, dann hundertfünfzig.«

»Und dieser Graham kommt wieder hierher?«

»Ja, und diesmal bleibt er wohl für ein paar Wochen. Der Senat baut auf dem Platz der Republik ein riesiges Zelt auf, und wenn *Das Maschinengewehr Gottes* dort zehnmal auftritt, hat er noch mehr Zuschauer als im Olympiastadion.«

»Und du gehst wieder hin?«

»Unbedingt. Diese evangelikalen Erweckungsprediger, das sind die leibhaftig gewordenen Lehrsätze und Postulate von *Il Principe*, dem *Fürsten* von Machiavelli. Nichts ist verlogen bei ihnen oder wirklicher Unsinn, aber alles ist so eindimensional und kompromisslos wie verführerisch. Männer wie dieser Graham können Menschenmassen zu allem anstiften, können sie zum Guten wie zum Bösen verleiten. Und das alles mit der Macht ihrer Sprache und mehr noch durch ihr Selbstbewusstsein, ihre Hybris. Ein Verführer wie aus dem Lehrbuch der Verführungskünste, ebenso bewundernswert wie gefährlich. Und darum wird er auch in meiner Doktorarbeit ein Kapitel bekommen«, sagte er lachend.

»Was für eine Doktorarbeit schreibst du? Über die Erweckungsprediger?«

Er schüttelte den Kopf, ließ sich in einen der Sessel in unserer Diele nieder und lud mich mit einer Handbewegung ein, mich zu ihm zu setzen.

»Wenn du es wissen willst, erzähle ich es dir«, meinte er, »auch wenn du längst im Bett sein solltest. Mich interessieren diese charismatischen Figuren wie Graham, dieses selbsternannte *Maschinengewehr Gottes.* Über Leute wie ihn, die allein mit ihrer Wortgewalt und ihrem vollkommen ungebrochenen Selbstbewusstsein Einfluss auf Menschen haben, auf Massen von Menschen. Machtmenschen, die nicht von des Gedankens Blässe angekränkelt sind. Über Herrschsüchtige, die ihr Verständnis von Demokratie spielend leicht mit persönlicher Macht verknüpfen können. Sie leben mit dem Wissen und Gefühl einer völlig uneingeschränkten Machtfülle. Diese Demokraten sind Charaktere mit einem ausgeprägten Überlegenheitsgefühl und einem überzogenen Machtanspruch. Sie benutzen und missbrauchen die Legitimität, die erforderlich ist, um eine Demokratie aufrechtzuerhalten. Der mündige Bürger ist die wichtigste Voraussetzung für eine demokratische Selbstbestimmung, aber wer ist schon mündig?«

»Und darüber schreibst du in deiner Doktorarbeit?«

»Nein. Mit meiner Dissertation strebe ich nichts weniger an, als den Machiavelli unserer Zeit zu verfassen. Er war besorgt, dass der Pöbel eine Pöbelherrschaft errichtet. Ein Gedanke, der in der Menschheitsgeschichte immer wieder aufkam. Selbst unter den Rebellen und Protagonisten der französischen und der amerikanischen Revolution gab es große Bedenken, ob eine

Demokratie bei einer Beteiligung des gesamten Volkes an der Wahl und damit an der Macht stabil bleiben könne oder sich zu einer Herrschaft des Pöbels entwickeln würde. Doch in meiner Doktorarbeit geht es nicht mehr um den alten Herrscher, den Fürsten, der Held unserer Zeit ist der Demokrat. Du verstehst, nicht *Il Principe,* sondern *Il Democratico.* Leute wie dieser Billy Graham haben viel von diesen neuen Herrschern. Die Wortgewalt, das imposante Auftreten, die leibhaftige Verführung. Und nicht zu vergessen ist das Geld, das sie zu scheffeln wissen.«

»Geld?«

»Ja, Geld ist für diese Demokraten ein unverzichtbarer Teil der Führungsstärke, es schafft Ansehen, Einfluss, ist eine Wirkungsmacht. Die früheren Fürsten herrschten durch Gewalt, durch Schwert, Feuer und Galgen. Das ist den neuen Herren verwehrt, hier muss Geld die zwingende, alles beherrschende Macht sein. Und daher mühen sich all diese selbstherrlichen Demokraten in ihrem Hochmut, Geld einzusammeln. Arrogant oder scheinbar demütig fordern sie Geld ein, riesige Summen für ihre riesigen Pläne. Das ist *Il Democratico,* der neue Herrscher. Und glaub mir, vor diesen Demokraten sind auch die ältesten und ehrwürdigsten Demokratien nicht geschützt. Sie bauen auf eine strenge hierarchische Ordnung, und die, die ihnen folgen, die sich ihnen unterwerfen, sind Menschen, die unsicher sind, vielleicht verzweifelt und sich nach Orientierung, nach Zucht und Führung sehnen. Verstehst du?«

»Ja, natürlich.«

»Es braucht nur einen geschickten Demagogen, und die vom Volk gewählten Vertreter opfern die schönste und am stabilsten erscheinende Demokratie. Denn Demokratien sind sehr fragile und höchst gefährdete Einrichtungen. Ganz so, wie es in unserem Kirchengesangbuch so schön heißt: *Es kann vor Nacht leicht anders werden, als es am frühen Morgen war.*«

»Ich werde mir diesen Graham auch anschauen. Vielleicht kommen noch ein paar aus meiner Klasse oder dem Internat mit, das könnte ein lustiger Abend werden. Aber warum predigt er nicht wieder im Olympiastadion? Da passen doch mehr rein als in ein Zelt.«

»Wegen euch Ostdeutschen, wegen den Ostberlinern. Ich weiß es von einem früheren Kommilitonen, der jetzt im Rathaus angestellt ist und dort in der Öffentlichkeitsarbeit beschäftigt ist. Euretwegen wird das Predigerzelt auf dem Platz der Republik aufgestellt, also direkt hinterm Brandenburger Tor. Damit ihr gottlosen Ostdeutschen endlich mal in den Genuss einer Erweckungspredigt kommt!«

Faro lachte auf und schlug mir auf die Schulter.

Am ersten Oktober, einem Samstag, fuhren wir zu sechst zum Platz der Republik. Basti, Albert, Manker und Helmuth wollten sich den amerikanischen Religionsstar, über den jeden Tag etwas in der Zeitung stand, auch ansehen und hatten sich Faro und mir angeschlossen. Wir hofften, uns zu amüsieren. Vielleicht würde Graham in dem Zelt ein Wunder bewirken, jemanden aus dem Publikum heilen oder irgendeinen anderen Hokuspokus treiben. Wir glaubten nicht einen Moment, dass die angeblichen Wunderheilungen durch diesen Prediger tatsächlich stattgefunden hatten, und waren überzeugt, die *Geheilten* seien zuvor gar nicht blind oder lahm gewesen, hätten es in Absprache mit diesem Graham nur vorgespielt, um sich dann von ihm *heilen* zu lassen, doch Faro widersprach.

»Ich habe mit einem Psychiater über diese Wunderheilungen gesprochen. Er hat da eine andere Sicht. Der Blinde, der Lahme, sie sind, vermutet er, tatsächlich blind und lahm. Aber die au-

77

ßergewöhnliche Situation, neben dem berühmtesten Erweckungsprediger zu stehen, vor einem Publikum von mehreren tausend Leuten, kann dazu führen, dass die Psyche für einen Moment die Physis übertrifft und triumphiert, jedenfalls scheinbar. Der Blinde, von den Worten des sprachmächtigen Predigers erregt, der ihm wie ein Prophet erscheint, und sehr nervös, da er vor Tausenden von Leuten steht, vermeint, wieder sehen zu können, da ihm die Bilder erscheinen. Er glaubt es, er sagt es, und für alle ist das Wunder perfekt. Und bei dem Lahmen können die gleichen geistigen Kräfte für Sekunden die Lähmung scheinbar besiegen, und er zwingt sich, weil er dem Wunderheiler glaubt, und kann dann tatsächlich ein paar unbeholfene Schritte gehen. Auch wenn nach drei, vier Schritten seine Lähmung ihn hindert, auch nur noch einen Schritt selbständig zu gehen, so hat er diese zwei, drei Schritte vollbracht, er glaubt an seine Heilung und das versammelte Publikum ist ebenfalls davon überzeugt, da es ihn ohne fremde Hilfe gehen sah.«

»Unglaublich.«

»Ja. Die Psyche des Menschen ist unergründlich. Ihr werdet es ja selbst schon erlebt haben, im Wachen wie im Schlafen, wie wir ihr ausgeliefert sind.«

Das Zelt auf dem Platz der Republik war schon gut gefüllt, obwohl die Veranstaltung erst in einer Stunde beginnen sollte. Faro hatte uns geraten, frühzeitig hinzugehen, um noch Plätze mit guter Sicht zu bekommen, und tatsächlich fanden wir in der achten und neunten Reihe noch freie Plätze und baten die dort bereits sitzenden Leute, alles offenbar Rentner, ein wenig weiter zu rutschen, so dass wir einigermaßen zusammensitzen und uns bis zu dem Auftritt von Billy Graham miteinander unterhalten konnten.

Graham erschien erst eine halbe Stunde später als angekündigt, und er kam mit einem großen Gefolge. Die Besucher begrüßten ihn mit einem langen Beifall, einige waren von ihren Plätzen aufgestanden und klatschten mit erhobenen Händen. Graham breitete seine Arme aus, als wollte er die Tausende umarmen, machte Gesten, als ob er uns alle segnete, und sagte ein paar Worte, die durch den Beifall kaum zu hören waren. Dreißig Leute aus seiner Begleitung stellten sich neben dem Rednerpult auf, davor ein Chorleiter, und dann sangen sie das Lied *Wie soll ich dich empfangen und wie begegn ich dir.*

Nach dem Lied klatschten einige Leute, das waren vermutlich diejenigen, die nie in ihrem Leben einen Gottesdienst besucht hatten und nur aus Neugier gekommen waren. Dann trat ein Mann ans Pult, der sich als der Pfarrer der Gedächtniskirche vorstellte und Billy Graham begrüßte und ein paar Worte über ihn sagte, obwohl alle Besucher über ihn Bescheid wussten, schrieben doch die Berliner Zeitungen seit Tagen über seinen Werdegang und seine großen Erfolge in Amerika; jede noch so unbedeutende Kleinigkeit über ihn schien ihnen berichtenswert.

Als Graham endlich zum Rednerpult schritt – es war ein eindrucksvolles Schreiten –, ging ein vernehmliches Raunen durch das Zelt. Er begann seine Rede mit einem Lob seiner Gastgeber. Berlin sei *wonderful,* Deutschland sei *wonderful,* es sei *wonderful,* hier zu sein und zu den Berlinern sprechen zu können. Auch im weiteren Verlauf seiner Ansprache kam dieses Wort immer wieder vor, ich schätze, etwa hundertzwanzig Mal hat er bei der Predigt *wonderful* gesagt, denn auch Gott war *wonderful* und seine Schöpfung, die Sonne, die Menschen, die Pflanzen und Tiere, die Berge und Meere, das Himmelszelt mit seinen Sternen – alles *wonderful.*

Er hielt in seiner Predigt immer wieder inne, um den beiden

Dolmetscherinnen Zeit zu geben, seine Worte zu übersetzen, und in dieser kleinen Pause lief er auf seinem Podest auf und ab und suchte den Blickkontakt mit dem Publikum, als wolle er ergründen, ob es seine Ausführungen verstanden hätte. Seine Augen waren dabei stets weit geöffnet, sie schienen zu leuchten und jeden einzelnen der zwanzigtausend Zuhörer zu sehen. Wenn er wieder sprach, passte er intuitiv seine Tonhöhe und das Sprechtempo seinen Worten an und gestikulierte weit ausgreifend. Ich verstand, was Faro bei unserem abendlichen Gespräch gemeint hatte, als er sagte, Grahams Charisma schlage die Zuschauer in seinen Bann, er schien genau zu wissen, wie er bestimmte Emotionen hervorrufen konnte, Freude wie Enthusiasmus, und er erntete frenetischen Applaus. Die häufigen Wiederholungen jedenfalls schienen das Publikum nicht zu langweilen, sondern im Gegenteil besonders zu fesseln. Doch es war bei weitem nicht alles nur *wonderful,* mehrfach verkündete er, dass der Antichrist, vor dem die Propheten warnten, bald, sehr bald erscheinen werde und der sei *terrible.*

»Die Zeit rückt nahe. Der Antichrist ist auferstanden. Die gewaltige Macht des Kommunismus bedroht das Christentum und die Freiheit«, deklamierte er mit großen theatralischen Posen und in einer prophetisch visionären Sprache, »die Bibel sagt, die falschen Propheten sind unter uns, doch Gottes Gericht kommt und wir werden in sein Reich eingehen.«

»Die Apokalypse wird er uns heute sicher noch fünf Mal verkünden«, sagte Faro zu uns und erntete ein böses Zischen unserer Sitznachbarn. Doch Faro hatte recht, Graham wiederholte diese Sätze noch drei oder vier Mal, wiederholte mit weit aufgerissenen Augen und erhobenen Armen mehrmals, dass die falschen Propheten *terrible* seien. Es gelang ihm, mit kurzen und rein rhetorischen Fragen immer wieder Aufmerksamkeit und

Spannung zu wecken, so dass die Tausende von Zuhörern ihm gebannt lauschten.

Niemand im Publikum ließ auch nur den leisesten Anschein erkennen, dass er an Grahams Worten zweifelte, alle starrten gebannt zu ihm. Und als er sich am Ende seiner langen Predigt in Positur stellte, um das Publikum aufzufordern, sich zu besinnen, sich für Jesus Christus zu entscheiden und dieses Bekenntnis öffentlich zu zeigen, indem sie alle aufstanden und *Amen, Amen, Amen* sagten, erhoben sich, bis auf eine Gruppe, tatsächlich alle, falteten ihre Hände oder streckten die Arme in die Höhe.

Auch Helmuth war aufgestanden, setzte sich aber rasch wieder, als er bemerkte, dass Faro und wir anderen sitzen geblieben waren, was uns allerdings wiederum böse Blicke der Menschen um uns herum einbrachte.

Auf dem Weg ins Internat belustigten wir uns immer wieder über diesen Erweckungsprediger, wiederholten einige seiner besonders theatralischen Sätze und imposanten Gesten und riefen immer wieder *wonderful* und *terrible*.

»Ein Doktor Honigmaul«, meinte Faro, und als wir über diesen Ausdruck laut lachten, erklärte er uns, das sei einst der bitterböse Spottname für Bernhard von Clairvaux gewesen, einem bedeutenden und einflussreichen Zisterziensermönch und Kirchendiplomat, der vor tausend Jahren gelebt habe und angeblich ein göttliches Sprachtalent gehabt habe.

»Dieser Bernhard war einer der schlimmsten Kriegstreiber in der Zeit der Kreuzzüge. Mit seinen feurigen Worten begeisterte er ganz Europa für diese mörderischen Kriege. Mit seiner Beredsamkeit, seinem Charisma wurde er zu einem hochgeachteten und gewichtigen Vertrauten des Papstes, selbst der englische König suchte seinen Rat. Er konnte Heinrich den Ersten wie auch den Papst Innozenz den Zweiten allein durch seine Worte so überzeugend für sich einnehmen, dass beide bemüht waren, diesem Doktor Honigmaul behilflich zu sein. Bedenkt, er war nur ein armer Zisterziensermönch und wurde dennoch die einflussreichste graue Eminenz für die Herren der damaligen Welt. Zudem galt und gilt er immer noch als einer der großen Mariologen des Mittelalters, also der Marienforscher, und bekam in seiner Lebenszeit den Titel »Doctor Marianus«. Goethe lässt ihn übrigens unter diesem Namen in seinem *Faust* auftreten, und in Dantes *Göttlicher Komödie* erscheint er auch.«

»Und woher weißt du das alles, Faro? Schreibst du in deiner Doktorarbeit auch über diesen Doktor Honigmaul?«

»Genau. Solche Leute sind das richtige Personal für meine Dissertation, für meinen *Il Democratico*.«

»Und dieser Billy Graham gehört auch dazu?«

»Der ist perfekt. Ganz wie Bernhard von Clairvaux, dieser Doktor Honigmaul. Auch er ein großartiger Redner, von sich selbst mehr als nur überzeugt, und auch er auf einer Stufe mit den Mächtigen der Welt.«

»Und das alles nur mit seinem Maul? Nur mit seinen Predigten?«

»Ja. Sprache kann Macht verleihen. Die Rhetorik kann selbst eine Macht sein, und Redner können populär werden und geradezu allmächtig. Das wiederholte sich immer wieder in der Geschichte. Dafür müsst ihr keine zwanzig Jahre zurückschauen.«

Bevor wir ins Internat zurückkehrten, schauten wir noch im *Tröpfchen* vorbei, unserer Kneipe am Hubertus-Sportplatz, wo das Bier nur sechzig Pfennige kostete und der Wirt uns kannte und keine dummen Fragen nach unserem Alter stellte. Da Faro mitkam, mussten wir nicht auf die Uhr schauen, denn in seiner Begleitung konnten wir uns auch erst nach zehn Uhr abends in der Kronberger zurückmelden. Nach diesem Auftritt von Billy Graham hatte wohl jeder von uns ein Bierchen dringend nötig.

VII Das perfekte Verbrechen

Mit Fräulein Rothermund, der Wirtschafterin – oder, wie Sybelius sie nannte, unserer »Hausdame« – kam ich besonders gut aus, und auch sie schien mir gegenüber sehr wohlwollend. Wenn es Probleme gab, über die ich mit keinem der Adjunkten sprechen wollte, wandte ich mich an sie. Sie hatte Verständnis, wenn mich im allerersten Internatsjahr gelegentlich Heimweh überfiel oder wenn ich wegen des enormen Lernpensums verzweifelt war. Sie ließ sich von mir beim Erstellen der wöchentlichen Reinigungs- und Küchenpläne helfen, und sie vertraute mir sogar den Schlüssel zur Speisekammer des Internats an, wenn ich ihr von dort etwas holen sollte.

Die Speisekammer war ein großer Raum, vollgestellt mit Regalen, in denen zentnerweise unsere Lebensmittel lagerten. Am beeindruckendsten war der dort gelagerte Käse, vier oder fünf wagenradgroße runde Käselaibe, die von einer zentimeterstarken gelblichen Wachsschicht umhüllt waren.

An jedem Abend stand auf allen Tischen ein Teller mit Scheiben von diesem Kuhkäse mit einem dumpfen Geschmack, den wir als gnatzig einstuften. In allen Jahren, die ich im Internat war, gab es jeden Abend diesen Käse und immer nur diese eine Sorte, und keiner von uns nahm mehr als eine einzige Scheibe. Da in der Speisekammer von diesen Wagenrädern mehr lagerten, als alle Internatsbewohner in einem Jahr aufessen konnten, gab Fräulein Rothermund, bevor die nächsten Käselaibe im Internat eintrafen, jedem von uns, der es wagen konnte, seine Eltern zu besuchen, ein kiloschweres Stück für sie mit.

Diese Käseräder wurden dem Internat Jahr für Jahr von den evangelikalen Christen aus den Vereinigten Staaten gespendet. Der gnatzige und immerwährende Kuhkäse war ein Geschenk der Presbyterian Church of Pennsylvania, und daher nannten wir ihn *Christenverfolgungskäse*.

Um unseren Unmut über die ständigen Gebete zu dämpfen, war Sybelius darauf verfallen, sie reihum von uns sprechen zu lassen. Vor jeder Mahlzeit hatte ein Schüler aufzustehen und mit eigenen Worten für alle den Dank für Speise und Trank zu sprechen.

Zwei Monate nach meiner Ankunft war Lothar aus der Unterprima an der Reihe und sprach mit gefalteten Händen und geschlossenen Augen laut vernehmlich: »Herr, lass uns selbst bei diesem Essen deine Güte nicht vergessen. Amen.«

Es gab ein unterdrücktes Gelächter im Speisesaal. Sybelius erhob sich, kommentierte Lothars Kühnheit nicht, sondern verkündete nur knapp, dass dieser in den kommenden vier Tagen, abgesehen vom Schulbesuch, Hausarrest habe.

Doch diese Strafe wirkte wohl kaum abschreckend, denn bereits vierzehn Tage später hatte Herbert vor dem Abendessen das Gebet zu sprechen und sagte: »Jesus verfolgte die Pilatus-Chaise, und uns der Christenverfolgungskäse. Amen.«

Diesmal kicherte keiner, wir erstarrten angesichts des zu erwartenden Donnerwetters.

Sybelius atmete vernehmlich ein. Dann hieß er uns alle aufstehen und sprach dann eine Viertelstunde lang über die Blasphemie eines unreifen Bengels und über unsere unverschämte und für ihn unbegreifliche Undankbarkeit gegenüber den Mitgliedern der Presbyterian Church, die sich Jahr für Jahr bemühten, uns zu unterstützen.

Die Regale der Speisekammer waren mit Flaschen, Tüten und Büchsen vollgestellt, und ich hatte mit Fräulein Rothermund alle vierzehn Tage Stück für Stück die Lebensmittel durchzusehen, damit nichts verfaulte oder verdarb. Obst und Gemüse wurde zweimal in der Woche angeliefert, und sie hatte mir erlaubt, mich daran zu bedienen, doch ich sollte nichts aus der Kammer hinaustragen, damit die anderen Schüler nichts bemerkten.

Einmal im Jahr gab es in den Messehallen am Funkturm die *Grüne Woche*, eine Landwirtschaftsmesse, die in jedem Januar Tausende Besucher anlockte und *grün* genannt wurde, weil die meisten Besucher selbst Landwirte waren oder im Forst arbeiteten und durchweg grüne Lodenmäntel trugen, was für Berlin ein ungewohnter Anblick war. Eine breite Auswahl deutscher Agrarprodukte, aber auch sehr viele aus dem Ausland wurden in den Messehallen präsentiert, und die Besucher konnten sich überall Kostproben kaufen. Der Eintritt war nicht billig, aber Fräulein Rothermund und ich hatten einen Ausweis für Fachpublikum bekommen, für den ich nie etwas bezahlen musste.

Einige der Aussteller kannten unsere Wirtschafterin, da sie seit Jahren bei ihnen Lebensmittel für das Internat bestellte. An diesen Ständen wurden wir herzlich begrüßt, man bot uns eine der provisorischen Sitzgelegenheiten an und brachte uns Teller mit verschiedenen Köstlichkeiten. Während Fräulein Rothermund Konditionen über Lebensmittellieferungen verhandelte, konnte ich mich den kostenlosen Leckerbissen widmen.

Unsere Wanderungen durch die Messehallen waren anstrengend, und am Abend waren wir beide erschöpft. Fräulein Rothermund war sehr zufrieden, da sie im persönlichen Kontakt mit ihren verschiedenen Lieferanten günstigere Bedingungen für uns erwirkt hatte, und ich war so satt, dass ich zur Abendbrotzeit im Internat in meinem Zimmer blieb.

Fräulein Rothermund war nicht nur bei mir, sondern auch bei allen anderen beliebt. Herr Sybelius schätzte sie, die Adjunkten verehrten sie geradezu, und sogar die drei Frauen in der Küche beklagten sich selten über sie, obwohl sie ein konsequentes Regime der Sparsamkeit durchsetzte.

In all meinen Jahren im Internat gab es nur einen einzigen unangenehmen Vorfall mit Fräulein Rothermund, an dem sie aber völlig unschuldig und vielmehr das Opfer war.

Wenn nach zweiundzwanzig Uhr in den Zimmern die Lichter gelöscht wurden, unterhielten wir uns noch einige Zeit, bis schließlich einer von uns um Ruhe bat. Am liebsten redeten wir über die Filme, die wir gerade im Kino gesehen hatten oder uns unbedingt noch ansehen wollten. Einmal gab es in der kurz zuvor eröffneten Akademie der Künste eine Retrospektive von Friedrich Wilhelm Murnau. Wochenlang beschäftigten uns seine Werke, und wir diskutierten allabendlich über *Nosferatu – Eine Symphonie des Grauens, Tartüff, Der letzte Mann* und seinen *Faust*.

In vielen Spielfilmen, die wir sahen, standen Morde und spektakuläre Einbrüche im Mittelpunkt der Handlung, und immer ging es darum, dass der Verbrecher sein Vergehen zu verschleiern trachtet, während irgendein Kommissar ihm auf die Schliche zu kommen versucht. Uns trieb die Frage danach um, ob es möglich war, einen Mord oder einen Einbruch zu begehen, ohne dabei Spuren zu hinterlassen, die die Polizei verfolgen konnte, und somit der Strafe zu entgehen. Viele Abende spekulierten wir darüber, ob es das gab: das perfekte Verbrechen.

Es war vor allem Helmuth Schriener, den wir Schrieni nannten, der dieses Thema immer wieder ansprach und uns allabendlich neue Pläne präsentierte, Straftaten, die seiner Meinung nach nicht aufdeckbar seien. Der absolute Coup, das todsichere Verbrechen, weder von der Polizei noch von einem Meisterdetektiv aufzuklären, war seiner Meinung nach der Auftragsmord.

»Das ist einfach perfekt«, meinte er, »die größte Erfindung in der Geschichte des Verbrechens, denn der Täter kennt sein Opfer nicht, und wo keine Verbindung besteht, gibt es auch nichts aufzudecken. Absolute Voraussetzung für den Erfolg der ganzen Sache ist aber, dass nichts auf einen Kontakt zwischen dem Auftraggeber und dem Mörder hinweist, und daher dürfen die beiden sich nicht kennen. Bei ihren Treffen müssen beide maskiert sein und kein Dritter darf erfahren, dass die beiden sich jemals getroffen haben. Der gedungene Mörder muss aus einer weit entfernten Stadt kommen und wird vom Auftraggeber mit Fotos und allen notwendigen Informationen ausgestattet, so dass er tatsächlich nur für die dafür notwendigen Stunden, nur für den Moment, in dem er den Auftrag ausführt, in dessen Stadt kommt. Der Auftraggeber braucht ein bombensicheres Alibi, am besten sollte er sich weit entfernt aufhalten, möglichst im Ausland, wo er zum vereinbarten Zeitpunkt des Mordes irgendwelche Aktivitäten unternimmt, für die er notfalls später Zeugen benennen kann. Er könnte an irgendeinem Strand in der Sonne liegen oder dort durch ein besonders auffälliges Verhalten die Blicke auf sich ziehen, und währenddessen wird daheim – zack! – sein Kontrahent bei dessen täglicher Runde mit dem Hund im Vorbeigehen hinterrücks erschlagen. Keiner hat etwas gesehen oder gehört, der Mörder wirft die Tatwaffe – ein Stein oder so – einfach in den See. Ein perfekter Coup.«

Schrieni schwieg, offenbar von seinem Plan begeistert, und erklärte dann: »Das ist der brillanteste Coup, das ist das perfekte Verbrechen. Oder?«

Wir wandten ein, dass sein Plan bedenkliche Lücken aufweise, da der Mörder und der Auftraggeber sich kaum oder gar nicht persönlich kannten, könnte der eine seine erste Rate nehmen und sich dann unverrichteter Dinge aus dem Staub machen, oder der andere könnte nach dem Mord die Auszahlung der zweiten Rate verweigern. Keiner von beiden könnte rechtliche Schritte gegen den anderen unternehmen, zumal sie sich nur maskiert gesehen hatten und ihre Namen nicht kannten.

Schrieni ließ nicht von seinem Plan ab und präsentierte uns in den nächsten Wochen immer neue geniale und gefahrlose Varianten für eine garantiert sichere Geldübergabe bei dem von ihm entwickelten Mordplan. Irgendwann aber war unser Interesse an diesem Thema erschöpft, und wir baten ihn, uns nicht weiter mit seinen Spinnereien zu nerven.

Drei Monate später gab es im Schülerheim ein Ereignis, das uns alle, aber ganz besonders Fräulein Rothermund wie auch den Internatsleiter Sybelius, erschütterte. Aus der sogenannten Handkasse der Wirtschafterin, einer verschlossenen Blechschachtel, die in der Küche angeschraubt war und in der immer ein Notgroschen verwahrt wurde für den Fall, dass eine Lieferung unerwartet oder verfrüht eintraf, war Geld gestohlen worden. Der Täter musste an einem Abend bemerkt haben, dass die Küchentür unverschlossen war, worauf er sich hineingeschlichen und irgendwie die Geldscheine durch den winzigen oberen Schlitz herausgezogen hatte.

Es fehlten dreihundertfünfundvierzig Mark.

Die Küchenfrauen waren allesamt als Täterinnen unverdächtig, wie Fräulein Rothermund sagte, die – wie sie sofort erklärte – für ihre Mitarbeiterinnen die Hand ins Feuer legen würde.

Herr Sybelius, sonst stets ruhig und ausgeglichen, war außer sich vor Zorn über diesen Diebstahl. Wir hatten diesen so ruhigen und ausgeglichenen Menschen nie derart erregt gesehen.

Er hatte uns vor dem Abendessen, als wir alle im Speiseraum versammelt waren, über den Diebstahl informiert und anschließend mitgeteilt, dass er ein allgemeines Ausgangsverbot erlassen habe, keinem von uns sei es erlaubt, das Internat zu verlassen, bevor sich der Dieb nicht gestellt habe. Er teilte uns mit, er habe eine Kommission gebildet, der alle drei Adjunkten angehörten, um den Dieb aufzuspüren und das Geld sicherzustellen. Es sollten aber auch drei Schüler in diesem Gremium vertreten sein, und er fragte, wer von uns bereit sei, mit den Adjunkten zusammenzuarbeiten.

Sofort gingen zwanzig Arme hoch, und Sybelius wählte die drei Schüler. Aus unserem Zimmer wurde nur Schrieni bestimmt, da er besonders nachdrücklich den Arm in die Luft gereckt hatte.

An diesem Abend kamen wir vor lauter Aufregung kaum zur Ruhe. Wir fragten uns, wie lange Sybelius den Hausarrest aufrechterhalten wolle und ob wir am Montag zur Schule gehen dürften oder die ganze Woche im Internat bleiben müssten. Daran, dass sich der Dieb freiwillig melden würde, glaubte keiner von uns, und ebenso wenig, dass man das Geld aufspüren könne. Ein paar Geldscheine konnten überall mühelos versteckt werden.

»Was meint ihr, wer das war?«, fragte Helmuth. »Vielleicht einer von den Neuen?«

»Nee, das kann ich mir nicht vorstellen, das trauen die sich nicht, guck sie dir doch mal an«, meinte Basti. »Das war einer, der sich hier auskennt und weiß, wann die Rothermund in ihr Zimmer geht.«

»Mir ist scheißegal, welcher Idiot das war, ich will nur schnell wieder hier raus«, schimpfte Albert. »Samstagabend auf der Bude hocken. Die ganze Woche ziehe ich abends mit den Zeitungen durch die Kneipen, und ausgerechnet heute verknackt uns Sybelius.«

»Das kann dauern«, meinte Helmuth. »Freiwillig meldet sich da keiner, darauf kannst du Gift nehmen.«

Der nächste Tag war ein Sonntag. Selbst der sonst obligatorische Gottesdienstbesuch in der Kreuzkirche wurde uns untersagt. Sybelius hielt nach dem Frühstück in der Diele eine Andacht ab, in der er wiederum auf den Diebstahl zu sprechen kam und den Täter nochmals zu einem Geständnis aufforderte.

»Ich erwarte, dass der Schuldige sich im Anschluss in meinem Arbeitszimmer einfindet«, schloss er seine Rede. Als wir auseinandergingen, beäugten wir uns gegenseitig, ob jemand in Richtung seines Büros abbiegen würde, und verzogen uns dann auf unsere Zimmer.

Nach dem Mittagessen erhob sich Sybelius, klopfte mit dem Messer an seinen Tellerrand, und als alle schwiegen und zu ihm sahen, sagte er: »Leider hat sich keiner bei mir gemeldet, und die Kommission hat keine Spur gefunden. Der Dieb ist überdies also auch ein Feigling. Ich sehe mich leider gezwungen, nun gemeinsam mit den Adjunkten alle Zimmer samt der Spinde zu durchsuchen, und erwarte, dass Sie alle nun hier im Speiseraum bleiben, bis wir die Durchsuchung beendet haben. Wir werden mit den drei Einzelzimmern beginnen. Das ist alles sehr misslich und ich hätte es Ihnen und mir gerne erspart. Sie verdanken das einem Ihrer Mitschüler.«

Dann verließen Sybelius und die beiden Adjunkten den Speiseraum. Wir blieben beklommen und sehr schweigsam an unseren Tischen sitzen.

Kurz vor sechzehn Uhr kehrte die Kommission mit Sybelius in den Speiseraum zurück. Die dreihundertfünfundvierzig Mark hatten sich in unserem Schrankzimmer gefunden, im Spind von

Schrieni. Er hatte es dort in einer kleinen länglichen Verpackung für Salzstangen versteckt. Sybelius und die beiden Adjunkten verließen mit einem Schrieni, der hochrot im Gesicht und offensichtlich den Tränen nahe war, den Speiseraum. Schon in der Tür sagte der Internatsleiter, der Hausarrest sei nun aufgehoben. Während die anderen zu ihren sonntäglichen Unternehmungen aus dem Haus stürmten, zog ich mich ins Schrankzimmer zurück, um zu schreiben.

Zwei Stunden später erschien Schrieni in unserem Zimmer. Er kam in Begleitung von Frieder und hatte seinen Koffer in der Hand. Er packte etwas Kleidung und seine Schulsachen hinein, vermied es dabei, mich auch nur anzusehen, und sagte kein Wort. Er sah verheult aus. Wir waren alle verlegen, ich sprach Schrieni nicht an und wagte nicht zu fragen, was nun mit ihm geschehe. Frieder sah stumm zu, wie Schrieni seine Sachen einpackte, und ging dann wortlos wieder mit ihm hinaus.

Beim Abendbrot dankte Sybelius uns dafür, dass wir die lästigen Beschränkungen und die Durchsuchung der Zimmer und Spinde so gelassen hingenommen hatten.

Er wollte sich bereits wieder setzen, stellte sich jedoch nochmals kerzengerade auf und sagte zu uns: »Ihr Mitschüler Helmuth Schriener wird vorerst nicht mehr im Internat wohnen. Er wird das Gymnasium möglicherweise weiter besuchen dürfen, aber über seine weitere Unterkunft werden seine Erziehungsberechtigten mit mir noch eine Entscheidung treffen müssen. Für heute Nacht wurde er in einer Behelfsunterkunft der Kirche einquartiert. Ich denke, ich muss Ihnen die Gründe dafür nicht nennen. Diese Entscheidung war unumgänglich.«

Schrieni übernachtete tatsächlich an diesem Abend nicht in unserem Zimmer. Wir waren von dem Diebstahl wie von seinem Verschwinden so betroffen, dass wir nach dem Lichtlöschen schweigend im Bett lagen. Keiner wollte etwas sagen, keiner wollte ein Gespräch, bei dem es notwendigerweise und ausschließlich um seine Tat und die Anordnungen von Sybelius gehen würde.

Am nächsten Tag erschien Schrieni auch nicht im Gymnasium, und wir vermuteten, dass er nicht nur aus dem Internat geflogen sei, sondern auch von der Penne. Am Nachmittag erfuhr ich, dass sein Vater, der irgendein höherer Kirchenfürst in Brandenburg war, mittags bei Sybelius erschienen war und dass die beiden Männer zwei Stunden miteinander gesprochen hatten, bevor sie zusammen mit Fräulein Rothermund das Internat verließen.

Am Dienstag war Schrieni bereits im Klassenzimmer, als wir kamen. Wir umringten ihn und fragten, wo er wohne, was für eine Strafe man ihm aufgebrummt habe, aber er wehrte ab, blieb einsilbig und sagte lediglich, dass er in dem Hauptkinderheim in der Charlottenstraße in Spandau untergebracht worden sei, wo eigentlich nur kleine Kinder lebten, und er nun jeden Tag eine Dreiviertelstunde mit der U-Bahn und dem Bus bis zum Gymnasium fahren müsse. Er müsse dort aber nur für vierzehn Tage bleiben, dann dürfe er ins Internat zurück. Fräulein Rothermund hatte sich für ihn eingesetzt und sich schließlich gegen Sybelius und sogar gegen seinen eigenen Vater durchgesetzt, die beide schwerere Strafen verlangt hatten.

Tatsächlich erschien Schrieni nach vierzehn Tagen im Gymnasium mit einem Koffer zum Unterricht, seine Zwangsumsiedlung in das Hauptkinderheim war beendet, er konnte nach der Schule mit uns ins Internat kommen und bezog wieder seinen Platz im Schrankzimmer.

Am Abend desselben Tages wurde unser übliches Nachtgespräch wiederaufgenommen, und wir gedachten Schrienis detaillierten Ausführungen zum perfekten Verbrechen, jeder von uns erinnerte an irgendeine seiner Theorien, was angesichts seines dilettantischen Diebstahls das ganze Zimmer erheiterte.

Freilich, an den Nachtgesprächen beteiligte er sich kaum noch, und er unterbreitete uns auch nie wieder einen neuen »todsicheren« Plan zum perfekten Verbrechen, dafür musste er sich eine Zeit lang ab und zu hämische Bemerkungen zum perfekten Diebstahl gefallen lassen.

Auch an den folgenden Tagen blieb er einsilbig und drehte sich abends schweigend zur Wand. Wir sprachen bald wieder über die neuesten Filme und unsere Erlebnisse des Tages. Über das perfekte Verbrechen verlor bald darauf keiner von uns je wieder ein Wort.

Unserem Internatsleiter, Herrn Sybelius, fiel es jedoch offensichtlich schwer, mit Langfinger Schrieni zurechtzukommen, er vermied es, mit ihm zu sprechen oder ihn auch nur anzusehen. Der Diebstahl musste ihn, der sich als unser Hausvater und Erziehungsberechtigter sah, als Vertrauensbruch tief getroffen und verletzt haben.

Dagegen zeigte sich Fräulein Rothermund, so schien es mir, Schrieni gegenüber besonders freundlich, als wollte sie den verzweifelten Unglücksraben trösten und ihn ermuntern, sich wieder unbeschwert und mit der alten Gelassenheit im Internat zu bewegen.

In unserer Küche wurde ein neuer Behälter als Handkasse für die Wirtschafterin angebracht. Es war ein kleiner Tresor, der die alte Blechschachtel ersetzte und an der Wand verschraubt wurde. An dieser neuen Geldbox gab es keinen kleinen Schlitz, durch den man Geldscheine herausfingern konnte, um ein perfektes Verbrechen zu begehen.

VIII Dodge Royal

An einem Sonnabend im Oktober stand, als wir kurz vor acht die Schule erreichten, auf dem Parkplatz der Lehrer ein riesiger amerikanischer Straßenkreuzer mit einem Berliner Nummernschild. Es war, wie wir sofort erkannten, ein Dodge Royal. Das Auto, ein Cabriolet, war länger und breiter als die Autos unserer Lehrer, die – bis auf Professor Bellnitz, der einen schwarzen Opel fuhr – Volkswagen besaßen oder nur ein kleines Goggomobil. Der Dodge war so breit, dass er zwei Parkplätze einnahm, zwei Lehrer mussten an diesem Tag mit ihren kleinen VWs wieder vom Schulparkplatz fahren und in der Salzbrunner oder der Warmbrunner Straße parken.

Der Dodge Royal war erst seit einem halben Jahr in den Vereinigten Staaten auf dem Markt, und wir vermuteten, dass es sich bei diesem nagelneuen rotlackierten Exemplar um das einzige dieses Typs in Berlin handelte. In der Schulpause schlichen wir zu den abgestellten Autos der Lehrer, wir wollten wissen, wer der Besitzer des prächtigen Cabriolets war. Dass der Eigentümer der Vater eines Mitschülers war, schien uns ausgeschlossen, da der Dodge Royal schon vor Schulbeginn dort stand, sein Besitzer also schon vor uns und den meisten Lehrern in das Schulgebäude hineingegangen sein musste.

Siegbert vermutete, dass der Schulsenator oder gar der Regierende Bürgermeister der Besitzer sei, doch das hielten alle für ausgeschlossen, denn der Dodge war so protzig, das passte nicht zu dem volksnahen Sozialdemokraten Brandt, der seit zwei Jahren dem Senat vorstand, und ein Schulsenator würde gewiss nicht so viel Geld verdienen, um sich ein solches Auto leisten zu können.

In der großen Pause lüftete sich das Geheimnis. Ein Schüler aus der 13 A ging lächelnd und mit hoch erhobenem Kopf auf den Wagen zu, wobei er einen Schlüssel an einer Lederschlaufe um den Zeigefinger kreisen ließ. Er schob uns lässig beiseite, schloss die Tür auf und nahm auf dem Fahrersitz Platz. Er startete den Wagen und mit einem Knopfdruck ließ er die Seitenfenster herunter und das Verdeck des Dodge Royal zurückfahren. Sehr zufrieden mit sich schaute er auf die Mitschüler, die den Wagen umstanden, dann stand er auf, eine Hand lag lässig auf dem Lenkrad, und überblickte wie ein siegesgewisser Feldherr oder wie ein von einem Fürsten ernannter Mandatar die ihn umstehende Gruppe.

»Na, welche von euch Schönheiten will sich mal auf echtes Leder sinken lassen?«, rief der Angeber laut, »nach dem Unterricht lade ich die drei Schönsten von euch zu einer Spritztour ein. Einmal den Ku'damm rauf und runter. Und danach fahre ich euch sogar nach Hause, eine nach der anderen, ganz, wie es sich gehört. Also? Wie ist es? Wer steigt zwanzig nach zwölf mit mir in mein Wägelchen? Bewerbungen werden ab sofort entgegengenommen.«

Er grinste hämisch und setzte sich wieder, strich fast zärtlich über das weiße Leder des Nebensitzes und schaltete die Zündung aus. Dann stieg er aus und verschloss den Wagen. Obwohl der Tag zwar sonnig, aber recht kühl war, ließ er das Verdeck überraschenderweise offen, so dass jeder von uns in den Dodge hätte einsteigen können.

Der Junge besaß bereits einen Führerschein, und offenbar hatte sein Vater ihm erlaubt, an diesem Samstag mit dem Wagen zur Schule zu fahren. Er war sehr früh gestartet, hatte zuerst einen Freund abgeholt, der darüber stolz auf dem Schulhof schwadronierte, und den Wagen zwanzig Minuten vor Schulbeginn auf dem Schulparkplatz abgestellt, zu einer Zeit, zu der noch kein Lehrer oder Schüler dort zu sehen war.

Und tatsächlich, als wir die Schule nach der fünften Stunde verließen, standen mehr als zwanzig Mädchen neben dem Dodge. Der Wichtigtuer stand in dem Wagen, blickte über die Schar der begeisterten und hoffnungsvollen Mädchen, und mit einer cäsarischen Handbewegung entschied er, wer von ihnen einsteigen dürfe. Basti und ich lachten laut auf, aber wir waren neidisch auf diesen Jungen aus der 13 A, der nun davonfuhr, wobei er das Lenkrad nur mit der linken Hand hielt, die rechte hatte er lässig um die Schulter eines der Mädchen gelegt.

An diesem Abend ging ich mit David, Veit, Manker und Gotthold ins *Tröpfchen* am Hubertus-Sportplatz. Seit ich in der Untersekunda war, hatte mein Bruder nichts mehr dagegen, wenn ich ihn und seine Mitschüler aus der Unterprima beim Besuch ihrer Stammkneipe begleitete, oder vielmehr hatten Veit und Gotthold ihn überredet, dass ich mitkommen durfte.

Wir hätten, statt ins *Tröpfchen* zu gehen, auch nach Ostberlin fahren und dann für das umgetauschte Geld vier- bis fünfmal so viel bestellen können, aber unsere Kneipe war nur fünf Minuten entfernt, wir konnten dort bis kurz vor zehn sitzen und mussten uns nicht schon um neun auf den Heimweg machen.

Bei meinem ersten Besuch hatte der Wirt misstrauisch gefragt, wie alt ich sei, aber die anderen versicherten ihm, ich gehe in ihre Klasse und sei genauso alt wie sie, was er schulterzuckend hinnahm.

»Aber nur ein Bier! Der Junge sieht mir noch zu grün aus«, sagte er, und wir nickten.

Nun war natürlich der Dodge Royal und der Auftritt des Schülers aus der 13 A vorherrschendes Thema. Manker hatte gehört, dass sich mehrere Lehrer darüber erregt hätten, dass ein Oberprimaner sich erdreistet habe, zwei der Parkplätze zu belegen, die für das Lehrerkollegium reserviert waren. Nach der großen Pause, als bekannt war, zu wem der Wagen gehöre, sei dieser Schüler lediglich ermahnt worden.

»Schönes Auto«, meinte Veit, »eine prächtige US-Kiste.«

»Die Dinger schlucken viel«, wandte Gotthold ein, »bei den Amis ist der Sprit so billig, da stört es keinen, wenn die zwanzig Liter verbrauchen.«

»Aber fahren würde ich ihn trotzdem gern.«

»Dann brauchst du einen anderen Vater, mein Lieber, einen mit einer dickeren Brieftasche.«

»Was ist denn der Vater von dem Typ?«, erkundigte ich mich.

»Keine Ahnung. Ich weiß nicht mal, wie dieser Junge heißt. Kennt ihn einer von euch?«

»Nee, keine Ahnung. Von denen aus den A- und B-Klassen kenne ich eigentlich nur Kurt und Herbert, unsere beiden Handballer.«

Ich nippte an meinem Bier, das mir eigentlich nicht schmeckte, aber ich wollte in der Runde meines Bruders und seiner Freunde keine Brause oder Selters trinken.

»Das ist seltsam«, sagte ich, »in den zwei Jahren, die ich hier bin, hatte ich mit keinem der Westschüler Kontakt, nur mit denen aus den C-Klassen. Zwei, drei Mal fragte mich einer der Westberliner, ob ich noch meinen Ostausweis besitze und ob ich für ihn etwas in Ostberlin kaufen könne, aber das war's auch.

Ansonsten habe ich keinen von ihnen kennengelernt. Geht es euch auch so?«

Alle vier lächelten und nickten.

»Aber warum? Ist doch seltsam, wenn man in dasselbe Gymnasium geht.«

»Die wollen es nicht, und wir wollen es nicht. So ist das.«

»Aber wieso?«

»Na, das wirst du wohl selber gemerkt haben. Sie glauben, sie sind was Besseres, weil sie einen Papa mit einer dickeren Brieftasche haben.«

»›Was stinkt hier so nach Russenzone?‹ Das haben sie mir mal hinterhergerufen. Hinter meinem Rücken natürlich. Als ich mich umdrehte, grinsten sie nur.«

»Ich dagegen wurde gelobt. Einer aus dem A-Zweig lobte mein gutes Deutsch. Du sprichst tatsächlich sehr, sehr gut deutsch, meinte er, wie hast du das so schnell geschafft? Er fand mein Deutsch fabelhaft, so ganz ohne Akzent, obwohl meine Muttersprache ja Russisch sei.«

»Ja, das ist die Westberliner Elite.«

»Und warum wollen wir sie nicht?«

Nun lächelten alle vier und schwiegen so versonnen, als erinnerten sie sich eines Triumphes.

Dann sagte Gotthold: »Aus Arroganz, Kleiner. Ja, wir sind alle so arrogant, dass wir mit diesen Fatzkes nicht reden. Wir werden dasselbe Abitur machen wie die, aber die Sprachen schaffen wir in kürzerer Zeit. Und wir lernen eine zusätzliche Sprache, eine mehr als die.«

Veit lachte auf und meinte: »Und dann denk an Sport und Theater. Die Handballmannschaft, da sind nur zwei Westberliner dabei, der Rest, das ist alles C-Klasse. Die Theateraufführungen, da haben es gerade mal drei Westberliner Mädchen geschafft, Rollen zu bekommen, aber nur, weil es in unseren Klassen zu wenig Mädchen gab. Vom Mathe-Wettbewerb will ich gar nicht reden. Professor Bellnitz weiß schon, warum er ausschließlich die C-Klassen unterrichtet.«

»Nein, Gotthold, wir sind nicht arrogant«, widersprach ihm David, »wir haben einfach ein Niveau, das von unten wie Arroganz aussieht, das ist alles.«

»Die reden nicht mit uns«, meinte Veit, »warum sollen wir uns da mit denen abgeben? Um ihnen etwas aus Ostberlin zum Fünftel des Preises zu besorgen?«

»Mach das bloß nie, Daniel«, sagte mein Bruder zu mir, »du kannst in Teufels Küche kommen. Mit solchen Sachen sollen sie sich an die Fahrschüler halten, an die Ostberliner. Die dürfen ja in Westberlin zur Schule gehen, das haben die Siegermächte so vereinbart. Aber das gilt nur für Ostberlin, nicht für die DDR. Wir sind abgehauen, und wenn du dann mit einer funkelnagelneuen Kamera ankommst und sie die entdecken, dann schauen sie vielleicht in einer ihrer Listen nach. Und in irgendeiner stehen unsere Namen, meiner und deiner, da kannst du sicher sein. Dann ist die Penne für dich gelaufen, sie nehmen dir den Personalausweis ab, schicken dich nach Hause und geben dir einen Bezirksausweis, mit dem du nicht mal nach Ostberlin fahren darfst. Also Finger weg.«

»Habe ich ja auch nicht gemacht. Aus unserer Klasse hat nur Helmuth mal etwas für einen besorgt, eine Gitarre. Es ging alles gut, und er hat sich damit zwanzig Mark verdient.«

»Daran darfst du überhaupt nicht denken. Wenn sie dich schnappen, dann hast du für zwanzig Mark dein Abi und dein Studium verkauft. Das lohnt nicht, Daniel.«

»Schon gut. Ich hab's verstanden. Dann bleibt es für mich bei den drei Pfennigen für *Telegraf* und *Nachtdepesche*.«

»Ist in jedem Fall sicherer, Kleiner. Und wenn du viele Zeitungen verkaufst, kannst du dir eines Tages vielleicht auch einen Dodge Royal leisten. Immer schön die Pfennige sparen. Kleinvieh macht auch Mist.«

»Was kostet eigentlich so ein Wägelchen?«, erkundigte ich mich, woraufhin alle auflachten.

IX Unterricht bei Professor Bondi

Die Hausordnung, in der ab zweiundzwanzig Uhr Nachtruhe vorgeschrieben war, verärgerte vor allem jene Schüler, die schon sechzehn waren, also die Sekundaner und Primaner. Sybelius beharrte darauf, dass er in Vertretung unserer Eltern der Erziehungsberechtigte sei, der Verantwortung für uns trage und dafür zu sorgen habe, unser Leben und unsere Gesundheit nicht zu gefährden.

Es gab wenige Ausnahmen, für die man zuvor beim Internatsleiter einen schriftlichen Antrag zu stellen hatte. Diese Ausnahmen wurden erteilt, wenn die Eltern oder nahe Verwandte nach Berlin kamen oder wenn wir in die Oper oder ins Theater gehen wollten. Ein längerer Kneipenabend wurde nicht erlaubt, und auch nach einem Kinobesuch mussten wir bis zweiundzwanzig Uhr wieder im Internat sein.

Im Mai wurde im Filmkunsttheater noch einmal für einige Tage der Horrorfilm *Das Kabinett des Professor Bondi* gezeigt, einer der ersten 3D-Filme. Er war Jahre zuvor in Westberlin schon gelaufen, das Filmkunsttheater hatte ihn noch einmal ins Programm genommen, zeigte ihn aber nur am späten Abend. Da die Vorstellungen erst um einundzwanzig Uhr begannen und frühestens um dreiundzwanzig Uhr endeten, hätten wir erst kurz vor Mitternacht zurück im Internat sein können.

Basti fand eine Lösung. Alle Bewohner des Schrankzimmers – mit Ausnahme von Siegbert, dem wir unseren geplanten Kinobesuch verheimlichten – reichten gemeinsam bei Sybelius einen Antrag auf verlängerten Ausgang ein. Wir begründeten unsere Bitte mit schulischen Erfordernissen, da wir zu einem Weiterbildungskurs bei Professor Bondi gehen wollten.

Als Basti und Albert den schriftlichen Antrag mit unseren Unterschriften dem Internatsleiter vorlegten, sagte dieser nur: »Aber wieso Professor Bondi? Ihr Professor heißt doch Professor Doktor Bellnitz.«

»Bei Professor Bellnitz haben wir Mathe. Professor Bondi ist Anatom und gibt einen Biologiekurs für uns.«

»Na schön. Aber nutzt die Erlaubnis nicht aus, sondern kommt nach dem Kurs sofort ins Internat zurück.«

»Versprochen, Herr Sybelius. Wenn Professor Bondi seinen Unterricht beendet, kommen wir sofort zurück.«

Nach dem Abendbrot zogen wir los. Die Ostausweise hatten wir eingesteckt, um die Kinokarten mit DDR-Geld bezahlen zu können.

Das Kabinett des Professor Bondi war ein 3D-Farbfilm, der dem Zuschauer den Eindruck stereoskopischen Sehens vermittelte. An der Kasse bekamen wir für ein Pfand eine 3D-Brille. Sie war sehr leicht und aus billigem Kunststoff gefertigt, und sie hatte zwei verschiedenfarbige Gläser, ein rotes und ein grünes. Die Eintrittspreise waren teurer als üblich, weil dieser Film nicht nur dreidimensional gezeigt wurde, sondern auch mit Stereoton.

Das Kino war nur zu einem Drittel gefüllt, wir setzten uns als Gruppe zusammen über zwei Reihen hinweg, so dass wir uns gemeinsam über den Gruselfilm amüsieren konnten.

Der Film spielte im Wachsfigurenkabinett von Bondi, der seine Figuren jedoch nicht aus Wachs herstellt, vielmehr ermordet der wahnsinnige Professor Menschen, um die Leichen dann mit einer Wachsschicht zu überziehen und auszustellen, bis er am Schluss des Films selbst in seinen Bottich mit brodelndem Wachs stürzt. Die Dreidimensionalität verstärkte die gruseligen Eindrücke, doch wenn man die Brille abnahm, sah man alles verschwommen, außerdem war alles doppelt zu sehen, und auch noch sehr unscharf.

Um dreiundzwanzig Uhr starb Bondi in seinem kochenden Wachs, der Film war zu Ende, und wir machten uns sofort auf den Heimweg, hatten wir doch Sybelius versprochen, direkt nach Hause zu kommen, sobald Professor Bondi endet.

Am nächsten Tag forderte Sybelius uns fünf Kinogänger auf, direkt nach dem Mittagessen in seinem Arbeitszimmer zu erscheinen. Wir schauten uns beklommen an, ahnten wir doch, was uns erwartete.

Tatsächlich wusste der Internatsleiter inzwischen, wohin wir gegangen waren und dass dieser Professor Bondi kein Anatom war, der uns in Biologie unterrichtete, sondern ein gefährlicher fiktiver Massenmörder. Er sagte, er sei schwer enttäuscht, und ganz besonders ärgerten ihn unsere unverschämten Lügen.

»Das ist ehrlos und würdelos von Ihnen«, sagte er, »ich werde Ihnen in Zukunft nicht mehr trauen können. Und für eine Woche haben Sie alle Hausarrest, vom Schulschluss bis zum nächsten Morgen. Die Herren Adjunkten habe ich bereits informiert. Sie können gehen.«

In unserem Zimmer erwartete uns Siegbert. Er lächelte uns höhnisch an und erkundigte sich, was Sybelius gewollt habe.

»Das kannst du dir ja denken. Und ich bin sicher, er hat es von dir erfahren, wo wir gestern waren«, zischte Albert.

»Von mir? Nein, ich wusste nicht, wohin ihr gestern verschwunden seid. Herr Sybelius hatte mich heute Morgen gefragt, wieso ich nicht zu dem Biologiekurs mitgegangen sei, und da konnte ich ihm nur sagen, von einem zusätzlichen Biologiekurs am Abend hätte ich nie etwas gehört.«

»Vielen Dank auch, Siegbert. Du hast uns ganz schön in die Scheiße geritten.«

Das Ärgerlichste an dem Hausarrest war, dass Basti und ich nachmittags keine Zeitungen verkaufen konnten und wir eine Woche lang auf unsere Zeitungspfennige und das Standgeld verzichten mussten, während für Siegbert die Saison auf dem Tennisplatz des Millionärs Paicos gerade wieder begann und er uns zweimal in der Woche stolz erzählen konnte, was er wieder eingenommen hatte.

Paicos, dessen Villa schräg gegenüber von unserem Internat lag, hatte sein Vermögen mit Zigaretten und Zigarren gemacht, für die er aus Griechenland, seiner Heimat, den Tabak importierte.

Berühmt war Paicos für seine Packung *P4*, eine winzige Papiertüte, in der nur vier Zigaretten steckten und die dreißig Pfennige kostete. In einer Zeit, in der die Löhne niedrig waren und es gang und gäbe war, sich beim Zeitungshändler eine einzelne Zigarette zu kaufen, war seine P4 nicht nur bei Schülern und Studenten beliebt, auch Arbeiter und Arbeitslose kauften die kleine Packung, die es in zwei Sorten gab, mild oder extra würzig, beide mit dem Werbeslogan *P4 rauchen wir!* versehen.

In der Woche, in der wir Schrankzimmer-Bewohner – mit Ausnahme von Siegbert – Hausarrest bekommen hatten, kam er eines Abends von seinem Millionär zurück, schwenkte zwei Geldscheine und erklärte uns herablassend, er habe heute als Balljunge zusätzlich zu der üblichen Summe einhundert Mark eingenommen. Da er bemerkte, dass wir ihm nicht glaubten, drehte er sich um und zeigte auf seine Hose.

»Damit habe ich das Geld verdient.«

Quer über den Hintern bis zum Oberschenkel hatte seine Hose einen dreißig Zentimeter langen Riss.

»Die Hose hatte ich präpariert. Sie ist sowieso schon etwas hinfällig, und da habe ich, bevor ich zum Tennisplatz ging, mit der Schere diesen Riss hineingeschnitten. Dann habe ich mit einem einzigen Faden den Riss notdürftig geflickt. Um beim Tennis die verschlagenen Bälle rasch aufzunehmen, springe ich gelegentlich auch über das Netz, und wunschgemäß riss diesmal die Hose.«

Er lachte selbstgefällig auf.

»Alle amüsierten sich, und die Frauen haben sich totgelacht, ich dagegen spielte den völlig Verzweifelten. Und als Herr Paicos mir mein Geld gab, legte er fünfzig Mark dazu und meinte, das sei für eine neue Hose. Seine Frau sagte zu ihm, er solle mir etwas mehr geben, damit ich mir eine anständige Hose kaufen könne, und da griff er noch einmal in sein Portemonnaie und gab mir einen zweiten Schein. Genial, nicht wahr?«

Er lachte laut auf, hob den rechten Arm und wedelte mit den Geldscheinen in der Luft. Wir waren weniger amüsiert, aber sein Trick war beachtlich, und hundert Mark so auf die Schnelle verdient, das war bombig. Aber ein Arschloch war er und blieb er, da waren wir uns alle einig.

Obwohl uns der Hausarrest ärgerte und ein finanzielles Desaster für uns war, hielten wir das Zweiundzwanzig-Uhr-Gebot häufig nicht ein. Entscheidend war, welcher Adjunkt Abenddienst hatte. Mit Faro konnte man reden, und auch Frieder ließ sich erweichen, wenn man nur eine gute Begründung hatte und ihn zuvor über die Verspätung informiert hatte.

Im Oktober, ein halbes Jahr nach unserer Konsultation bei Professor Bondi, trat Bill Haley mit *His Comets* im Sportpalast auf. Uns allen war klar, Sybelius würde uns niemals gestatten, zu diesem Konzert zu gehen, denn in den Zeitungen war zu häufig über Ausschreitungen und Tumulte bei Bill-Haley-Konzerten berichtet worden, und Spanien hatte sogar offiziell ein Auftrittsverbot über ihn verhängt. Aber wir wollten, wir mussten *Rock Around the Clock* live hören.

Wir sprachen Faro an, sagten ihm, dass wir es für aussichtslos hielten, den Internatsleiter um eine Ausnahmegenehmigung für dieses wohl einmalige Konzert zu bitten. Er verstand unseren Wunsch, Bill Haley zu erleben, und unsere Sorge, es verboten zu bekommen. Er versprach uns, über eine Lösung nachzudenken.

Zwei Tage später machte er uns einen Vorschlag: An dem Abend würde Frieder die Aufsicht im Internat übernehmen, und er selbst würde uns in den Sportpalast begleiten. Wir sollten genau notieren, wer alles zu dem Konzert gehen wollte. Er stellte drei Bedingungen: Keiner in der Gruppe dürfe unter sechzehn Jahren sein, über die Aktion müsse absolutes Stilschweigen bewahrt werden, und alle hätten sich auf dem Weg und im Sportpalast seinen Anweisungen bedingungslos und umgehend zu fügen, denn er trage die Verantwortung für uns. Da es in der Vergangenheit zu Krawallen und Rangeleien gekommen sei, sei das auch für diesen Abend nicht auszuschließen und er würde mit schlimmen Konsequenzen zu rechnen haben, wenn irgendetwas passiere, zumal er seine Zustimmung gegeben habe, ohne den Internatsleiter zu fragen oder zu informieren.

»Wenn Sybelius das erfährt, wirft er mich raus, dann sitze ich auf der Straße, und ihr bekommt einen weniger freundlich gesinnten Adjunkten vor die Nase gesetzt. Da wird Sybelius rigoros sein, zumal er Bill Haley für eine kulturlose Schmalzlocke hält. Ist euch das klar?«

Wir waren sofort einverstanden und dankten ihm. Nach diskreten Absprachen mit den älteren Internatsbewohnern stellten wir schließlich eine Liste von vierundzwanzig Schülern zusammen. Auf meinen Vorschlag hin hatten alle eine Mark zusätzlich zu zahlen, um das Geld für Faros Eintrittskarte zusammenzubekommen, schließlich ging er nur uns zuliebe zu dem Konzert.

Als wir Faro mitteilten, dass wir seinen Eintritt bezahlen würden, war er so gerührt, dass er uns anbot zu versuchen, die fünfundzwanzig Karten über seinen früheren Kommilitonen zu besorgen, der im Senat für Öffentlichkeitsarbeit zuständig war. Wir sollten auf der Liste notieren, wer von den vierundzwanzig einen gültigen Ostausweis besaß, um die Karten mit Ostmark bezahlen zu können. Ein paar Tage später sagte er uns, sein Kommilitone könne tatsächlich Karten besorgen. Alles ganz offiziell, da wir geflüchtete Ostdeutsche seien, wofür es gesonderte Bestimmungen gebe, und er würde dafür sorgen, dass alle Schüler ihre Karten für Ostgeld bekämen, auch die, die keinen Ostausweis mehr besäßen. Nur seine, Faros Karte, müsste mit Westmark bezahlt werden.

Tatsächlich konnten wir unser Vorhaben vor Herrn Sybelius geheim halten, und am zwanzigsten Oktober, sechs Tage vor dem Auftritt von Bill Haley, hatten wir unsere Eintrittskarten.

Am Abend des Konzerts übernahm Frieder die Aufsicht im Internat, und wir fuhren mit Faro in die Potsdamer Straße. Wir trafen sehr zeitig am Sportpalast ein, fast eineinhalb Stunden vor Beginn, doch die Potsdamer Straße war in der Höhe des Sportpalastes bereits voller Menschen, fast nur Jugendliche, die meisten trugen Jeans und Jeansjacken. Wir hatten Mühe, als geschlossene Gruppe bis zum Eingang des Gebäudes zu kommen, und wurden immer wieder angesprochen, ob wir nicht eine Karte zu verkaufen hätten.

Wir hatten gute Plätze bekommen und saßen alle in einer Reihe nicht weit von einem der Ausgänge. Als es zwanzig Uhr war und das Konzert beginnen sollte, liefen immer noch Tontechniker über die Bühne, von Bill Haley war nichts zu sehen.

Als sich eine Viertelstunde später immer noch nichts tat, wurde es unruhig im Publikum, man rief in Sprechchören nach Bill Haley, pfiff ohrenbetäubend und schlug auf die Sitze ein. Ein Sprecher kam mit einem Mikrofon auf die Bühne und wartete, bis der Lärm sich legte, dann teilte er mit, jetzt würde als Vorband – er sprach von »opening act« – die Big-Band von Kurt Edelhagen spielen und danach Bill Ramsey auftreten. Ein kollektiver, sehr lauter Wutschrei erschütterte den Sportpalast, und das Geschrei ging in ein ohrenbetäubendes Brüllen über, als Edelhagen und die Musiker seiner Jazzband auftraten.

Die Musiker wirkten irritiert, begannen dann aber unter der Leitung Edelhagens zu spielen. Von unseren Plätzen aus hörten wir allerdings nur vereinzelt Töne, da der Lärm nicht nachließ. Offensichtlich – wir konnten es nur an dem Verhalten der Big-Band erraten – spielten sie danach ein zweites Stück, bei dem wir zumindest die Töne des Trompeters vernahmen, doch dann brach Edelhagen ab, drehte sich zum Publikum um und schüttelte sekundenlang den Kopf, bevor er mit seiner Band die Bühne verließ. Nun brauste höhnischer Beifall auf. Der Sprecher erschien wieder mit dem Mikrofon, hob den linken Arm in die Höhe und wartete, dass sich der Lärm legte, was eine Minute dauerte.

»Wir haben entschieden, auf den opening act zu verzichten«, sagte er, als es ein wenig ruhiger geworden war, »und wir kommen jetzt direkt zum Hauptteil und Höhepunkt des Konzertes: Bill Haley and His Comets. Die Rock-'n'-Roller sind bereits auf dem Weg in den Sportpalast. In wenigen Minuten werden Bill

Haley and His Comets hier auf der Bühne stehen. Bitte bewahren Sie Ruhe und gedulden Sie sich ein paar Minuten. Wir wollen keinen Krawall, sondern einen großartigen Rock-'n'-Roll-Abend erleben.«

Seine restlichen Worte gingen in dem neu aufflammenden Lärm unter, wieder wurde gebuht und gepfiffen, und der Mann verschwand. Das Saallicht wurde angeschaltet, was die lautesten Krakeeler verstummen ließ und zu einer gewissen Beruhigung führte.

Es dauerte fast eine Viertelstunde, bis der Mann mit dem Mikrofon wieder auf die Bühne kam und brüllend verkündete: »Und nun: Bill Haley and His Comets!«

Ein ohrenbetäubender Aufschrei erfüllte den Palast, das Saallicht erlosch, der Vorhang teilte sich, und der König des Rock-'n'-Roll und seine Kometen erschienen. Haley kam mit ausgebreiteten Armen einige Schritte auf das Publikum zu, dann setzte sich der Drummer an sein Schlagzeug, einer ging zu der Pedal-Steel-Gitarre, die anderen griffen nach ihren Gitarren und dem Kontrabass, und mit einem lauten Akkord setzte *Rock, rock, rock everybody, roll, roll, roll everybody* ein.

Das Publikum verstummte augenblicklich. Alle hörten zu, wobei die meisten heftig und ruckartig im Rhythmus den Kopf bewegten. Als der erste Titel endete, fuhr ein Orkan von Beifall, Jubel, Pfiffen und Geschrei durch den Palast, und erst nach einigen Minuten wurde es ruhiger, so dass die Band den zweiten Titel spielen konnte: *Shake, Rattle and Roll*.

Und wieder bewegten sich die Köpfe im Rhythmus der Musik roboterhaft ruckartig. Viele sangen das Lied mit: *Get out from that kitchen and rattle those pots and pans*, und doch spürte ich bei aller Zustimmung und Begeisterung des Publikums eine unterschwellige Aggressivität, ein Unbehagen oder gar Wut.

Vielleicht lag es an dem merkwürdigen Beginn des Konzerts mit einer Vorband, deren Musik viel zu sanft und großväterlich altmodisch war, was die durchweg jüngeren Leute, die wegen Bill Haley gekommen waren und Rock-'n'-Roll hören wollten, als Provokation und Betrug empfanden.

Ich bemerkte, dass auch Faro die eigenartig bedrohliche Stimmung im Palast bemerkt hatte. Er verfolgte weniger das Geschehen auf der Bühne, sondern registrierte aufmerksam das Verhalten des Publikums. Nachdem Haley und seine Band den vierten Titel gespielt hatten, mischten sich in den Beifall Schreie und gereizte, hitzige Rufe. Faro flüsterte vernehmlich: »Achtung, Leute, jetzt ist es Zeit zu gehen. Keine Widerrede, sofortiger Aufbruch.«

Er stand auf, bedeutete uns mit einer heftigen Handbewegung, ihm zu folgen, und flüsterte halblaut, während er gebückt durch die Reihe zum nächsten Ausgang lief, zu jedem von uns immer wieder: »Raus, raus, raus.«

Wir folgten ihm alle ohne Widerrede, wie vereinbart. Auf der Straße waren mehrere Polizeiwagen zu sehen, Faro eilte an ihnen vorbei und lief sehr rasch zum U-Bahnhof Bülowstraße. Wir folgten ihm, wobei wir uns lautstark bei ihm über den abgebrochenen Konzertabend beschwerten.

Als wir die Bülowstraße erreichten, blieb er plötzlich stehen.

»Hört mal her«, sagte er zu uns, »da drin herrschte eine ganz aggressive Stimmung. Da sind Typen im Publikum, die wollen Krawall, die wollen randalieren, so wie in Hamburg und Essen. Im Hamburg gab es mehrere Verletzte, darum habe ich euch rausgeholt. Habt ihr die Polizei gesehen? Wenn die unsere Personalien aufgenommen hätte, was, glaubt ihr, würde dann passieren? Die Polizei würde Sybelius darüber informieren, und wir bekämen alle Ärger, vor allem ich, ich wäre die längste Zeit Adjunkt bei euch. So, nun hoffe ich, ihr habt verstanden.«

Beim Frühstück am nächsten Morgen hörten wir, dass es tatsächlich zu wilden Ausschreitungen im Sportpalast gekommen war. Kurz nach unserem Aufbruch soll Bill Haley samt Band aus dem Palast geflohen sein, da es zu einer Saalschlacht gekommen war. Wir waren sehr erschrocken und entschuldigten uns bei Faro, der alles rechtzeitig erkannt und uns wohl gerettet hatte.

Als ich am Montag mit Albert nach dem Unterricht und dem Mittagessen die Abendzeitungen von der Druckerei holte, konnten wir sowohl in der *Nachtdepesche* wie im *Telegrafen* ausführliche Berichte über den Abend im Sportpalast lesen. Wir hatten von Haley wohl nur ein einziges Lied verpasst, denn der Tumult war direkt nach unserem Aufbruch losgegangen.

Bei den Ausschreitungen seien zwei Zuschauerränge demoliert und der große Konzertflügel zerhackt worden, sämtliche Scheiben seien zerschlagen worden und es habe viele Verletzte gegeben. Einige der Besucher seien offenbar bereits mit Schlagstöcken zum Konzert gekommen, andere hatten sich mit den Stuhlbeinen der zerschlagenen Sitzreihen bewaffnet. Außerdem sei die Lautsprecheranlage völlig zerstört worden. Die Bereitschaftspolizisten hätten schließlich mit Gummiknüppeln den Palast geräumt, wobei sie mit Hilfe von Wasserfontänen aus Feuerwehrschläuchen Bill Haley und seine Band zu schützen hatten, als die Randalierer die Künstlergarderoben stürmen wollten.

Die Polizei hätte mehr als hundertzwanzig Personen festgenommen, und an die hundert seien zur Wundbehandlung in nahe gelegene Krankenhäuser gebracht worden. Der Sportpalast sei so stark demoliert worden, dass er nun ein Trümmerfeld sei.

Albert wies mich noch auf eine kurze Mitteilung hin, die auf der vorletzten Seite stand. Es war ein knapper Bericht über die Gäste der RIAS-Kaffeetafel. Diese Veranstaltung fand einen Tag nach dem Auftritt von Bill Haley im Sportpalast statt. Offenbar waren die Berichte über die Zerstörung des Gebäudes übertrieben und aufgebauscht, wenn dort bereits zwanzig Stunden später eine bunte Veranstaltung für Rentner stattfinden konnte. Doch die sensationellen Berichte mit vielen Fotos sorgten dafür, dass ich an diesem Abend sämtliche Exemplare der beiden Zeitungen verkaufen konnte, zumal ich an allen Kneipentischen erzählte, dass ich selbst bei Bill Haley war, und sogar behauptete, bei dem Krawall im Sportpalast noch dabei gewesen zu sein.

X Der Baron

Ein halbes Jahr später hatten wir die Obertertia erfolgreich überstanden, wir waren alle dreizehn versetzt worden, und natürlich
wies das Zeugnis von Siegbert, dem Klassenprimus, nur beste
Noten auf, nicht eine einzige Drei war bei ihm zu sehen, und
die Noten Vier bis Sechs existierten für ihn ohnehin nicht.

Als wir uns nach Ostern wieder im Internat und in der U2C
trafen, der Untersekunda-Klasse des Gymnasiums, waren wir
nur noch zwölf Schüler. Siegbert fehlte, er erschien nicht in
der Kronberger und auch nicht in der Salzbrunner Straße. Eine
Woche später berichtete Sybelius nach der Morgenandacht, dass
Siegbert Carota, der in den Osterferien zu seinen Eltern gefahren war, in Naumburg von der Polizei geschnappt worden und
ihm wegen illegalen Grenzübertritts und Verlassens des ostdeutschen Staates der Personalausweis abgenommen worden sei und
er stattdessen einen sogenannten Bezirksausweis erhalten habe,
der ihm nur den Aufenthalt in seinem Heimatbezirk erlaube.
Er könne weder nach Westberlin noch nach Ostberlin fahren,
bei Kontrollen in der Bahn oder bei Autofahrten drohe ihm,
wenn er außerhalb seines Heimatbezirks aufgegriffen würde, eine
Gefängnisstrafe. Sybelius meinte, es würde für Siegbert sehr
schwierig, nochmals nach Westberlin zu kommen, und er fürch-
te, dieser begabte Junge werde kein Abitur machen können, da
ihm das ostdeutsche Regime den Besuch eines Gymnasiums oder
einer Oberschule verwehrt habe.

Außer Sybelius und Fräulein Rothermund schien aber niemand im Internat sein Verschwinden zu bedauern, und in unserer Untersekunda bemerkte ich, dass sich nun, da der Klassenprimus fehlte, ein anderer Ton, eine andere Stimmung verbreitete. Es gab nicht mehr den Überflieger, der alle dominierte und von oben herab behandelte, nun gab es drei oder vier Klassenkameraden, die ein wenig besser waren als die anderen, aber das wechselte je nach Fach, und es waren zwei Mädchen, die sich in den Sprachen hervortaten, aber deswegen keinen der anderen mit der herablassenden Ironie eines Siegberts behandelten.

Ein Jahr zuvor hatte es Gerhard aus der Obersekunda erwischt. Er war in den Sommerferien zu seinen Eltern in ein Dorf bei Görlitz gefahren. Mit einem befreundeten Jungen aus der Nachbarschaft war er zur Lausitzer Neiße gefahren, um in dem Fluss zu schwimmen. Durch die heftigen Niederschläge im Juli führte die Neiße mehr Wasser als gewöhnlich, und die Strömungsgeschwindigkeit war merklich gestiegen. Der Freund wurde von einem großen im Wasser treibenden Ast am Kopf getroffen, er wurde ohnmächtig und ging unter. Gerhard hatte noch versucht ihn zu retten, aber er konnte nur noch den leblosen Körper des Freundes bergen.

Bei den langwierigen polizeilichen Ermittlungen stellten die Behörden fest, dass Gerhard die Republik illegal verlassen hatte, um in Westberlin zur Schule zu gehen. Daraufhin entzog man ihm den Personalausweis, er bekam stattdessen wie Siegbert nur einen Bezirksausweis, dessen Gültigkeit allein auf den Landkreis beschränkt war, so dass er nicht einmal nach Ostberlin fahren konnte.

Erst sechs Monate später gelang ihm die Flucht über die Grüne Grenze. Er marschierte nachts über den Harzer Grenzweg bei Ilsenburg, fuhr mit der Bahn nach Hannover und kam von dort mit einem Flugzeug nach Westberlin, so dass er wieder unser

Gymnasium besuchen konnte. Das fehlende halbe Schuljahr wettzumachen gelang ihm jedoch nicht. Vor den Osterferien wurde ihm mitgeteilt, dass er die Obersekunda zu wiederholen habe, was alle in seiner Klasse und im Internat bedauerten, denn Gerhard war, anders als Siegbert, bei allen geschätzt.

Siegbert Carota erschien dreieinhalb Monate später, eine Woche vor dem Beginn der Sommerferien, plötzlich im Internat und nahm wieder seinen Platz im Schrankzimmer ein. Wie er uns berichtete, sei er mit Hilfe seines Vaters bei Neumond über die Grüne Grenze bei Benneckenstein nach Niedersachsen geflohen und dann mit der Bahn über Göttingen nach Hannover gefahren, von wo aus er mit dem Flugzeug nach Westberlin eingereist sei. Besuche bei den Eltern könne er sich nun nicht mehr erlauben, zumal er bald achtzehn werde, also volljährig in der DDR, und man ihn dann in der Ostzone ins Gefängnis stecken würde.

»Na ja, vier Monate habe ich gefehlt«, meinte er und grinste, »da seid ihr mir ja nun in Vielem voraus und habt mich abgehängt. Da kann ich nur hoffen, dass ich bis zum Abi den Stoff nachgeholt habe.«

Keiner von uns reagierte. Wir wussten, er würde in zwei, drei Monaten den Stoff aufgeholt haben und wieder in seiner gewohnten Arroganz den Klassenprimus spielen.

Was wir nicht wussten, was sich aber am nächsten Tag in den ersten Schulstunden sofort unüberhörbar herausstellte: Er hatte in den vier Monaten bei seinen Eltern in Naumburg ordentlich gebüffelt. Für den Besuch seiner Eltern in den Osterferien hatte er nämlich – das war typisch für ihn – einige seiner Schulbücher eingepackt, um auch in den Ferien zu lernen, und hatte den erzwungenen Schulabbruch genutzt, um auch während seines zwangsläufigen Aufenthalts in Naumburg mittels der Bücher den Anschluss zur U2C nicht zu verlieren. Bereits am ersten Tag im Gymnasium stellte sich heraus, dass er keinesfalls weniger wusste als wir, uns vielmehr einige Lektionen voraus war. Er war bisher der Klassenprimus gewesen, und er war es auch nun wieder. Alle Lehrer erkannten das respektvoll an, wir aber verachteten ihn dafür umso heftiger.

Paicos stellte ihn bereits eine Woche später wieder als Balljunge an. Friedl, der ihn in den vergangenen Monaten vertreten hatte, wurde umgehend entlassen. Seine Bitte, mit Siegbert abwechselnd auf dem Tennisplatz zu arbeiten, wurde abgelehnt, auch das hatte Siegbert erreicht.

Basti kommentierte Siegberts Rückkehr mit den Worten: »Er war und bleibt ein Arschloch. Nie wird einer von uns diese Mohrrübe mit Siggi anreden.«

Nach den Sommerferien drohte Basti Ärger. Sein Onkel, bei dem er die ersten zwei Monate in Westberlin gewohnt hatte, hatte ihm geschrieben, er wolle ihn aufsuchen und ihn wieder zu sich nehmen. Basti fürchtete, dass Sybelius der Bitte des Onkels zustimmen würde, da sowohl das Internat in der Kronberger wie auch das zweite Internat in der Wangenheim keinen einzigen freien Platz mehr hatte und in den Zwei-Mann-Zimmern ein drittes Bett und eine zusätzliche Schreibfläche aufgestellt worden waren.

»Aber wenn du bei deinem Onkel wohnen kannst, hast du ein eigenes Zimmer, Basti«, meinte ich.

»Ein eigenes Zimmer, jaja, aber bei einem Verrückten.«

»Einem Verrückten?«

»Ja, mein Onkel ist irre. Eigentlich heißt er Kretschmar, Klaus Kretschmar, aber dann war er ein Jahr in Südamerika, in Argentinien, und kam zurück als ein Adeliger und nennt sich nun Wilderich Baron von Bromstein-Haller.«

»Baron?«

»Ja. Er konnte sogar Papiere dazu vorlegen. Er sei von dem Geschlecht der Bromstein-Haller adoptiert worden, sagte er mir, und darauf sei er sehr stolz. Ob sein Adelstitel auch in Deutschland gilt, weiß ich nicht. Da eierte er herum. Das ist ein Kotzbrocken und außerdem ein Sektenfanatiker. Sie nennen sich *The Church of the Firstborn*, Kirche des Erstgeborenen.«

»The Church of the Firstborn? Was soll das denn sein?«

»So eine Art Mormonen.«

»Mormonen? Und was ist das? Eine Sekte?«

»Ja, sie gehören, wenn ich das alles richtig verstanden habe, zu den Heiligen der Letzten Tage.«

»Oje. Wirklich?«

»Und er sei der Oberste dieser Sekte in Deutschland, hat er mir erklärt, und hat immerzu versucht, mich zu einem seiner Heiligen zu machen, zu einem wahren Christen, wie er meinte.«

»Die Erstgeborenen! Oh Gott!«

»Er behauptet, sie vertreten das wahre und einzig richtige Christentum. Als es bei ihm nicht mehr auszuhalten war, habe ich meinen Vater um Hilfe gebeten, und schließlich bekam ich zum Glück hier einen Platz. Und jetzt will er mich in seine Sekte ziehen. Ich soll ihm folgen und der neue Anführer seiner Verrückten werden.«

»Und er will hierher kommen? Hat er das geschrieben?«

»Ja«, sagte er und zog einen Brief aus der Hosentasche, »hier, du kannst ihn lesen.«

Der Brief war mit einer Schreibmaschine geschrieben, der Name des Absenders und die Adresse in der Tauernallee waren in altertümlicher Antiqua-Schrift, der Name *Wilderich Baron von Bromstein-Haller* war mit Kapitälchen gesetzt und stand beeindruckend groß über dem Briefbogen.

Der Brief begann mit den Worten: *Mein lieber Großneffe Sebastian.*

»Willst du wirklich, dass ich ihn lese?«

»Ja, dann verstehst du, warum ich mit dem nichts zu tun haben will.«

Seit drei Monaten mache ich mir Sorgen um deinen Seelenzustand. Du weißt, dass ich und meine Frauen PENDELN können. Vor zwei Monaten bekamen wir den Himmlischen Auftrag, in Not geratenen Seelen zu helfen. Täglich melden sich bei uns die Seelen Verstorbener, die auch der Pastor mit seiner Fürbitte am Grab nicht in den Himmel bekommen konnte, da deren Karma zu sehr negativ war. Um in den Himmel zu kommen, braucht der Mensch den Glaubensgrad 4,6 positiv. Die meisten haben aber nur 3,5 positiv.

Da wir täglich den Glaubensgrad dieser armseligen Geschöpfe prüfen müssen, können wir auch allen lebenden Menschen helfen, wenn sie ihren Glaubensgrad wissen wollen. Meine Frauen sind allesamt ein gutes Medium, sie können mit den Seelen sprechen, wenn ihr Glaubensgrad positiv ist. Das ist unsere Tätigkeit, der wir im Himmlischen Auftrag täglich nachkommen.

Und jetzt zu dir. Die Familie, in der du groß geworden bist, ist leider sehr negativ, deine Mutter ist es und auch dein Vater, obwohl er ein Pastor ist. Auch du bist negativ.

Hier die Glaubensgrade deiner Familie. Dein Großvater Christensen war ein gläubiger Mensch, aber leider nicht ausreichend für den Himmel. Er hat Gl.-Grad 3,8 positiv. Deine Großmutter hat 3,2 negativ. Deine Mutter 3,9 negativ. Dein Vater 2,4 positiv, obwohl er Pastor ist. Du selber hast 2,6 negativ. Somit war nur dein Urgroßvater positiv.

Ich möchte nicht, dass du nach deinem Tod so wie deine Großeltern und bald auch deine Eltern in ihrer ehemaligen Wohnung herumgeistern musst. Denn das tun sie, sie können nicht zur Ruhe kommen.

Wir können ihnen jetzt helfen, aber das muss einer aus der Familie sich wünschen und uns schriftlich mitteilen. Mit dem Brief in der Hand können wir ihre Seelen zu uns holen und dafür sorgen, dass sie in den Himmel kommen. Wie wir das machen, dürfen wir dir noch nicht sagen. Wenn du einmal mit unserer Hilfe den Gl.-Grad 4,4 positiv hast und als mein Nachfolger die Kirche des Erstgeborenen leiten wirst, sollst du erfahren, auf welche Weise solche Veränderungen der Glaubensgrade durch uns möglich sind.

Nun zu den Glaubensgraden. Den höchsten Grad hat Gott selbst mit 7,7 positiv, es entspricht den 7 mal 7 Himmeln. Dann geht es abwärts bis in die Hölle. Satana, die Höllenfürstin, hat den Grad 9,7 negativ.

Alle Seelen, die negativ sind, betrachtet Satana als ihr Eigentum, den positiven kann sie nichts anhaben.

Ich kann und werde dir helfen, Sebastian, dass du nicht nach deinem körperlichen Tod den finsteren Mächten zum Opfer fällst. Freitag, der 18., ist ein guter Tag, um dir zu einem besseren Glaubensgrad zu verhelfen. Ich werde um sechzehn Uhr bei dir sein, das ist die beste Stunde, um zu PENDELN.

Dein um dich besorgter Großonkel Wilderich

Völlig entgeistert gab ich Basti den Brief zurück.

»Dein Onkel ist wahnsinnig. Oder?«

»Ja, deshalb wollte ich damals nur noch weg von ihm.«

»Was willst du machen, Basti?«

»Kannst du mir helfen?«

»Gern. Aber wie?«

»Am besten wäre es, wenn man ihm sagte, dass ich gar nicht

mehr im Internat wäre. Dass ich jetzt ganz woanders lebe. In einer anderen Stadt. Oder im Ausland.«

»Ja, aber wie soll das gehen? Das müsste Sybelius ihm sagen, damit er es glaubt.«

»Ja, Sybelius oder einer der Adjunkten.«

»Du meinst Faro?«

Basti nickte.

Am Nachmittag sprachen wir Faro an, Basti gab ihm den Brief zu lesen, und Faro schüttete sich aus vor Lachen.

»Der gehört in die Klapsmühle, dieser Baron. Sei unbesorgt, Sebastian, zu diesem Onkel wirst du nicht gehen müssen. Das könnte keiner von uns verantworten.«

»Vielleicht könnten wir ihm sagen, dass ich gar nicht mehr im Internat bin. Dass ich jetzt ganz woanders wohne, in einer anderen Stadt.«

Am nächsten Tag gab Faro ihm einen leeren Briefumschlag, auf dem sein Name und die Internatsadresse stand und auf dem eine abgestempelte Schweizer Briefmarke klebte.

»Hör zu, Sebastian, du schreibst mir einen Brief aus irgendeinem Internat in der Schweiz. Schreib, wie es dir geht. Dann überlege dir als eine gute Absenderadresse irgendeinen entlegenen Ort in der Schweiz, und gib mir den Brief. Daniel und ich werden den Verrückten morgen empfangen und ihm deine neue Adresse mitteilen. Wie sieht dein Onkel aus?«

»Er hat nur ein Auge. Auf dem rechten Auge klebt immer eine kleine schwarze Kappe.«

»Gut, dann ist er leicht zu erkennen.«

»Und er trägt immer Anzug, Krawatte, Weste, dazu einen eleganten Stock mit Silberknauf. Bei ihm daheim wurden die Zuckerstückchen gezählt und die Butter eingeteilt, aber nach draußen musste er glänzen wie Graf Koks.«

»Typen gibt es! Also dann bis morgen.«

Am nächsten Nachmittag ging ich mit Basti in den zweiten Stock hoch, vom Fenster des Bügelzimmers aus konnte man die Straße in beide Richtungen gut überblicken. Als ein sich recht seltsam und steif bewegender Mann auftauchte, sagte Basti: »Das ist er. Das ist Onkel Klaus. Ich hatte ihn Großonkel Wilderich zu nennen.«

Ich rannte die Treppen hinunter, rief nach Faro und dann gingen wir beide in die große Diele mit dem Billardtisch. Nach einigen Sekunden öffnete der Mann die Eingangstür und musterte die fünf, sechs Schüler am Billardtisch. Dann ging er auf Faro zu.

»Guten Tag. Mein Name ist Wilderich Baron von Bromstein-Haller. Sind Sie der Direktor des Internats?«

»Nein«, sagte Faro, »aber ich habe heute die Aufsicht hier. Mein Name ist Jens Kallinger. Was wünschen Sie?«

Der Mann, der sich als Baron vorgestellt hatte und der tatsächlich eine schwarze Augenklappe trug und einen Stock mit Silberknauf, erklärte, dass er seinen Großneffen in einer überaus wichtigen Familienangelegenheit zu sprechen habe, was er ihm vor ein paar Tagen in einem Brief angekündigt hätte. Faro meinte, da komme er einen Monat zu spät, Sebastian lebe jetzt in einem Internat des Gymnasiums Neufeld in Bern.

»Davon weiß ich gar nichts!«, empörte sich der Besucher.

»Wenn Sie ihm geschrieben haben, Herr Baron, seine Post schicken wir ihm selbstverständlich nach. – Aber warten Sie einen Moment. Vor ein paar Tagen bekam ich einen Brief von Sebastian.«

Faro ging in den Nebenraum und kam Sekunden später mit dem Brief in der Hand zurück.

»Sehen Sie, hier ist der Brief von Sebastian. Er schrieb mir, dass er sich gut eingelebt habe und dass das Kloster-Gymnasium noch besser sei.«

»Wieso ist er in einem Kloster-Gymnasium?«

»Er will doch Priester werden. Das ist sein Herzenswunsch seit langem. Wussten Sie das denn nicht?«

»Priester? Kloster? Um Himmels willen! Er ist eine verlorene Seele. Der arme Junge. – Kann ich den Brief lesen?«

»Warum denn das? – Aber bitte, es steht nichts drin, was Sie nicht wissen dürfen.«

Er gab ihm den Brief. Der Mann zog ein Monokel aus der Brusttasche, das an einer winzigen Silberkette hing, steckte es in sein linkes Auge und betrachtete den Umschlag skeptisch von beiden Seiten, dann zog er den Brief heraus und las ihn.

»Können Sie mir den Brief meines Großneffen überlassen?«

»Nein. Der Brief ist, wie Sie sehen, für mich bestimmt.«

»Aber ich darf mir seine Adresse notieren?«

»Bitte.«

Der Mann zog ein mit schwarzem Samt überzogenes Büchlein und einen silbernen Stift aus der Innentasche seines Jacketts und machte sich Notizen. Misstrauisch und offenbar sehr verärgert verabschiedete er sich mit einer knappen Kopfbewegung, drehte sich um und verließ wortlos und mit steifen Schritten das Internat. Faro und ich grinsten uns an.

»Sag Sebastian Bescheid, diesen Onkel ist er los. Bis nach Bern wird sich dieser aufgeblasene Baron wohl kaum begeben.«

Basti war erleichtert, aber ich bemerkte doch, dass er in den folgenden Wochen aufmerksam nach links und rechts blickte, wenn er das Internat verließ oder aus dem Gymnasium kam.

XI Sprung vom Zehnmeterbrett

Im Gymnasium hatte ich mich von Beginn an für den Arbeitskreis Theater angemeldet, der jede Woche einmal in der Aula zusammenkam und neuerdings von Herrn Tomaschewski, unserem Lehrer für Geschichte und Gemeinschaftskunde, geleitet wurde. In dem Jahr bevor ich nach Westberlin kam, hatte die Gruppe das Stück »Der Reichserbmarschall« aufgeführt, das Herr Cognata, unser Schulpapst, selbst verfasst und mit den Mitgliedern des Arbeitskreises einstudiert hatte. Es handelte davon, wie Veit zu Pappenheim nach dem Augsburger Frieden Lutheraner wurde und daraufhin seine Hofmark verkaufen musste, da Konvertierte im katholischen Bayern nicht mehr geduldet wurden.

Wie ich hörte, gab es damals nur zwei Aufführungen, da das Stück wohl mehr eine Predigt denn ein Drama war, aber es brachte Davids Schulfreund, der den Erbmarschall gespielt hatte, den Spitznamen Veit ein. Nach der missglückten Aufführung gab der Schulpapst die Leitung des Schülertheaters ab, und Herr Tomaschewski übernahm, nachdem alle Mitglieder der Theatertruppe für ihn gestimmt hatten.

Im ersten Jahr, in dem ich Mitglied des Theaterzirkels wurde – und ich blieb die ganze Schulzeit über dabei und verzichtete ihm zuliebe an jedem Donnerstag auf die Pfennige und das Standgeld für den Zeitungsverkauf –, hatten wir uns nach wochenlangen Diskussionen in der Gruppe für eine Burleske von Arthur Schnitzler entschieden. Es war der Einakter *Zum großen Wurstel*, und die Entscheidung fiel vor allem wegen der großen

Anzahl von Rollen in dem kleinen Stück, mehr als dreißig Personen traten auf, so dass nicht nur jeder von uns mitspielen konnte, sondern viele hatten zwei oder sogar drei Rollen zu übernehmen. Ich wurde für den Räsoneur und den Diener eingeteilt, hatte nur wenige Sätze zu sagen, aber mit der Rolle des Räsoneurs konnte ich Eindruck machen, da er komische Texte zu sprechen hatte. *Ich bin der Räsoneur des Stücks / Red' entweder geistreich oder nix.*

Die größte Herausforderung bei diesem Einakter war das Bühnenbild, welches wir gemeinsam zu gestalten hatten, denn das Stück spielte in einem Gasthausgarten, dem Wurstelprater, in dem außer den Kneipentischen und -stühlen auch noch ein Marionettentheater aufgebaut sein musste.

Für das Mobiliar des Gasthausgartens bekamen wir vom Hausmeister ausrangierte und beschädigte Schultische und Stühle, aber für das Marionettentheater konnte er uns nur einige lange Latten geben, die wir zusammennagelten und mit großen Pappstücken beklebten, auf denen wir anschließend mit viel Fantasie und Farbe die Vorderansicht einer solchen Puppenbühne malten. Nach jeder Vorstellung mussten wir dieses zusammengeschusterte Theaterchen reparieren und neu bekleben, denn bei dem wilden Spiel von so vielen Darstellern ging immer einiges zu Bruch.

Mit dem kleinen Stück hatten wir einen enormen Erfolg, wir konnten sechs Vorstellungen spielen, was gewiss auch an der großen Zahl der Spieler lag, deren Verwandte sie in der Aufführung sehen wollten. Mit Tomaschewski als Spielleiter waren wir gut zurechtgekommen, er hatte witzige Einfälle für seine Inszenierung und nahm auch gern unsere Vorschläge an.

Für das folgende Jahr machte er den Vorschlag, eine Plautus-Komödie zu inszenieren. Er würde das Stück auf eine für uns zumutbare Länge einstreichen, die Vorstellung sollte nicht länger als eine Stunde dauern, doch wollte er keine der vorhandenen deutschen Übersetzungen nutzen. Die Theatertruppe eines altsprachlichen Gymnasiums sollte das Stück in der originalen Sprache aufführen, also in Latein, und da er einige von uns auch in Latein unterrichtete, kannte er unseren Leistungsstand. Er habe, so sagte er, den *Miles Gloriosus* von Plautus ausgesucht, wieder ein Stück mit vielen Personen, und er würde es so einkürzen, dass alle Rollen einigermaßen gleichwertig seien und keiner übermäßig viel Text zu lernen habe.

Da er unser Unbehagen bemerkte, fügte er rasch hinzu, eine solche Aufführung werde unsere Kenntnisse der Sprache verbessern, sei also die beste Vorbereitung für die Abschlussprüfungen.

»Aber Herr Tomaschewski, das versteht doch keiner, wenn wir lateinisch quatschen. Da wird keiner kommen, um sich unser Kauderwelsch anzuhören«, wandte Manker ein.

»Im Gegenteil, viele werden kommen, sehr viele«, erwiderte er, »es gibt genügend humanistisch Gebildete in Berlin, die sehr gern einmal ein lateinisches Stück ansehen wollen. Außerdem, vor kurzem war das No-Theater Tokio bei uns in der Stadt, der Saal war ausverkauft, und ich glaube nicht, dass mehr als eine Handvoll Japanisch verstanden haben.«

Eigentlich war keiner von uns über seinen Plan glücklich. Wir wollten Theater spielen, wir wollten etwas Bühnenzauber und wollten Rollen gestalten, aber eine Aufführung auf Latein, das wäre mehr so etwas wie ein zusätzlicher Lateinunterricht, was wohl auch die Absicht von Tomaschewski war. In diesem Jahr halbierte sich unser Theaterzirkel. Mehr als die Hälfte der Truppe gab an, durch schulische Anforderungen übermäßig beschäftigt zu sein, und meinte, sich den Luxus von wöchentlichen Theaterproben nicht leisten zu können.

Doch schlussendlich setzte sich Herr Tomaschewski gegen all unsere Bedenken durch und brachte bereits zur allerersten Probe einen eingestrichenen *Miles Gloriosus* mit. Von dem Theaterstück hatten wir uns in der Woche zuvor eine deutsche Übersetzung in der Bibliothek besorgt, um zu verstehen, wovon die Komödie eigentlich handelt.

In seiner Fassung hatte er die recht schwierigen Namen der Figuren – es waren sogenannte sprechende Namen, die den Charakter der Person bereits durch den gewählten Namen kennzeichneten, Namen, die dem heutigen Publikum aber nichts mehr bedeuten – zu kurzen und leicht einprägsamen Benennungen vereinfacht, ihnen gewissermaßen Spitznamen gegeben. So hatte er den Pyrgopolinices einfach in Pyrgo umbenannt und dessen Adjutant Artotrogus hieß bei ihm nur noch Arto, was uns allen recht war.

Die Komödie handelte davon, dass der Söldnerführer Pyrgo, ein aufgeblasener Prahlhans, ein Mädchen begehrt, das einen jungen Seemann liebt. Pyrgo sperrt sie in seinem Haus ein, doch einer seiner Sklaven, der in Tomaschewskis Strichfassung Pala hieß, befreit sie mit Hilfe des Seemanns, und Pyrgo wird ergriffen, bekommt Prügel und muss schließlich ein Lösegeld zahlen.

Es gab mehr als zehn Personen in dem Stück. Tomaschewski hatte es so bearbeitet, dass die Rollen alle einigermaßen gleich groß waren. Ich bekam den Part des Sklaven Pala und hatte dreißig Sätze zu lernen. Das Bühnenbild bestand aus zwei kleinen Häusern, deren Vorderfront fehlte, so dass wir außerhalb der beiden Häuser wie auch in ihnen spielen und sprechen konnten.

Im März führten wir in der Schulaula das Stück zum ersten Mal auf. Das Publikum bestand fast nur aus Mitschülern des Gymnasiums und einigen Eltern, aber Herr Tomaschewski hatte auch die Presse eingeladen, und zwei Journalisten waren tatsächlich erschienen. Während der Aufführung gab es kaum Reaktionen der Zuschauer, vermutlich verstanden sie trotz ihres Lateinunterrichts nur Bruchstücke und konnten den Handlungsablauf nur mit Hilfe des Programmzettels erahnen, doch der Schlussbeifall war anerkennend und herzlich.

Vier Tage später erschien eine Meldung im *Tagesspiegel* über unsere Aufführung. Keiner der Darsteller wurde namentlich genannt, nur der Name von Herrn Tomaschewski war zu lesen, doch unser Arbeitskreis Theater wurde gelobt und unser Experiment, ein Stück im lateinischen Original auf die Bühne zu bringen, als außerordentliche und exemplarische Leistung gewürdigt.

Bei unserer nächsten Probe nur drei Tage später, bei der die Aufführung ausgewertet und über Veränderungen gesprochen werden sollte, berichtete uns Herr Tomaschewski, dass sich vier Berliner Gymnasien gemeldet hätten, die gleichfalls altsprachliche Zweige hatten und mit ihren Schülern unsere Aufführung besuchen wollten. Die Schulleitung habe mit ihnen vereinbart, dass wir für jedes dieser Gymnasien eine Sonderaufführung des Stücks geben.

In den folgenden fünf Wochen spielten wir den *Miles Gloriosus* insgesamt neun Mal, da nach dem Zeitungsbericht auch andere Leute unsere Aufführung sehen wollten, vor allem ältere Leute, die aus Interesse zu uns kamen oder beruflich mit den alten Sprachen zu tun hatten. Tomaschewski hatte recht gehabt mit seiner Vermutung, dass ein gebildetes Bürgertum die Aufführung eines antiken Klassikers in der originalen Sprache sehen wollte, auch wenn diese Leute unter Umständen gar kein Latein beherrschten oder es vor vielen Jahren gelernt, aber das einst Gelernte vergessen hatten. Dieses Stück spielten wir so oft wie keine der Inszenierungen in den vier Jahren zuvor, und Herr Seeger lobte auf einer seiner montäglichen Ansprachen unseren Theaterzirkel und betonte dabei den großen Einsatz und das vorbildliche Engagement der Schüler aus dem C-Zweig.

Wir Schüler des C-Zweigs standen dabei wie immer an der Tür zum Schulhof, unsere Bücher mit einem Gürtel zusammengebunden über der Schulter, und alle grinsten zufrieden, hatte Seeger doch einige Monate zuvor den C-Zweig für seine Leistungen im Handballturnier zu loben gehabt. Dieses Turnier wurde in zwei Altersgruppen ausgetragen. In beiden Gruppen waren die Gymnasiasten des C-Zweigs die Favoriten und gewannen das Turnier völlig ungefährdet und mit deutlichem Punktevorsprung.

Als ich es Faro erzählte, lachte er nur.

»Ihr habt es nötig, und die haben es nicht nötig, das ist das ganze Geheimnis eures Erfolgs«, meinte er, »Ihr müsst euch anstrengen, euch beweisen, die Berliner Schüler, ich meine die Westberliner, können locker bleiben. Wie ist es denn im Lochowbad für euch? Könnt ihr dort ein Mädchen zu einem Eis einladen? Nein, ihr habt kaum das Geld für ein Eis für euch selbst. Also reicht nicht das Einmeterbrett oder das Zweimeterbrett für euch. Ihr müsst vom Zehnmeterturm springen, um die Mädchen zu beeindrucken. Oder hat das Lochowbad nur ein Fünfmeterbrett? Dann solltet ihr darum bitten, dass man für euch einen Zehnmeterturm aufbaut, denn mit fünf Metern beeindruckt ihr keine Mädchen.«

»Im Lochowbad gibt es einen Zehnmeterturm.«

»Schön. Dann los. Denn ihr gewinnt die Turniere nur, weil ihr sie gewinnen müsst. Die anderen können vom Einmeter springen und dann dadurch beeindrucken, wie spendabel sie sind. Spendabel und keine Hungerleider.«

»Nein, wir gewinnen, weil wir besser sind.«

»Ihr seid nur besser, weil ihr es sein müsst. Anderenfalls nämlich stinkt ihr gewaltig ab, meine Lieben.«

Am Abend nach dem Turnier waren wir zu sechst im *Tröpfchen*, um bei einem Bier unsere Siege zu feiern. Ich berichtete, was Faro zu unseren Leistungen gesagt hatte. Versonnen schwieg die Runde einige Sekunden.

»Vielleicht nicht ganz falsch«, meinte Veit schließlich, »aber wenn wir das weiter so durchziehen, machen wir schlussendlich auch ein Einser-Abi, und dann stehen den Leuten vom C-Zweig die Universitäten des ganzen Landes offen. Auch nicht schlecht.«

Tatsächlich war es für alle im Internat und für alle Gymnasiasten des C-Zweigs schwierig, in Westberlin ein Mädchen kennenzulernen und sich mit ihm zu befreunden. Ein paar aus dem Internat hatten eine Freundin gefunden, doch nur bei einem einzigen, einem Schüler aus der Unterprima, hielt die Beziehung inzwischen mehr als zwei Jahre. Die Eltern seiner Freundin waren kurz nach der Gründung der beiden deutschen Staaten aus Rostock nach Westberlin umgesiedelt und genossen es, mit dem Freund ihrer Tochter, der aus Boltenhagen kam, plattdüütsch to snacken. Bei allen anderen waren die anfänglich leidenschaftlichen Romanzen, die wir aufmerksam und etwas neidvoll beobachteten, nach ein paar Monaten beendet, und bei einigen hatten sie, ungeachtet der Hingabe und Verehrung, die unser jeweiliger Mitschüler für seine Angebetete aufbrachte, nur Wochen gedauert.

Fast alle erzählten später – sehr viel später, erst, als sie fähig waren, über ihren Kummer zu sprechen –, dass sie mit den Eltern der Mädchen Schwierigkeiten hatten. Auch jene Eltern, die nicht in einer Villa wohnten, sondern in einfachen Mietwohnungen, betrachteten die Verehrer ihrer Töchter mit Skepsis. Wir galten als Hungerleider aus dem Osten, die aus der Staatskasse finanziert wurden, nichts hatten, nichts konnten und überdies in ihrer Kindheit von einem kommunistischen Staat indoktriniert worden waren.

Ein Vater hatte einem Mitschüler aus Magdeburg direkt ins Gesicht gesagt, er wisse nicht, wie weit er »mit diesem russisch-verbrecherischen Virus infiziert« sei, und verbot seiner Tochter jeden Kontakt mit ihm.

Andere Eltern störte der ostdeutsche Akzent, vor allem die unüberhörbare sächsische Sprachfärbung bei einigen, und keines dieser Elternpaare war bereit, sich einmal mit den Eltern des Jungen zu treffen. Vermutlich waren es die eindringlichen Ermahnungen von Vater oder Mutter oder gar ein von ihnen ausgeübter Druck, dass keine dieser kleinen Liebschaften ihre erste Blüte überlebte.

Wir erzählten Faro, unserem geschätzten Adjunkten, davon. Er lachte nur auf und sagte dann: »Tut mir leid, Jungs. Tut mir wirklich sehr leid, aber ihr seid einfach im falschen Film gelandet. Wir haben hier die Zeit des Wirtschaftswunders, da muss Geld zu Geld kommen, und mit Habenichtsen ist im Wirtschaftswunderland nichts anzufangen.«

Er lachte erneut laut auf: »Ich habe das selbst auch erlebt. Wisst ihr, ich komme von einem Bauernhof in Schleswig-Holstein, klein und ärmlich, bei uns wurde jeder Groschen buchstäblich dreimal umgedreht. Ohne die Hilfe meiner Lehrer hätte ich nie Abitur machen können, das konnten sich meine Eltern einfach nicht leisten. Und das Studium habe ich mir nur mit harter Knochenarbeit leisten können. Ich habe in den Semesterferien im Ruhrpott am Hochofen gearbeitet. Dort war es heiß, es war sehr heiß. Jeder von uns trank jeden Tag fünf bis zehn Liter Tee, den man uns in einem riesigen Bottich hinstellte. Und es war eine lebensgefährliche Arbeit.«

»Lebensgefährlich? Das ganze Leben ist lebensgefährlich.«

»Junge, du hast keine Ahnung, wovon ich rede. Ich war dabei, wie es einen erwischte. Ein falscher Schritt in den schweren, feuersicheren Stiefeln. Wir hörten ihn noch aufschreien, sahen ihn noch fallen, und das war's. Der Arzt sagte uns, durch die hohen Temperaturen sei er tot gewesen, bevor er auf dem rotglühenden, flüssigen Stahl aufschlug, der eine Temperatur von bis zu zweitausend Grad hat.«

»Und was habt ihr gemacht?«

»Wir haben ihm sofort seinen Helm hinterhergeworfen, seinen Schutzhelm.«

»Den Schutzhelm? Warum denn das?«

»Das war eine Ehrenpflicht für alle. Du musst wissen, den Schutzhelm zu tragen war Vorschrift. Wenn einer verunglückte und keinen Helm aufhatte, zahlte die Versicherung weniger oder nichts, obwohl ein Schutzhelm bei kochendem Eisen überhaupt nicht schützt. Andererseits, wenn du einen Schutzhelm trugst, da lief dir der Schweiß derart über das ganze Gesicht, dass du durch die Schutzbrille nichts mehr sahst. War also viel gefährlicher.«

»Und dann? Wie wurde er beerdigt?«

»Beerdigt? Da gab es nichts mehr, was zu beerdigen war. Auch die feuerfesten Stiefel hatten sich in nichts aufgelöst. Die Polizei kam, sah sich alles an, und der Chef entschied schließlich, von der Tranche einen Block abzuformen, sechzig mal dreißig. Den brachte dann ein Kranwagen auf den Friedhof, wo er wohl heute noch steht mit seinem Namen dran.«

»Und der Rest? Wohin kam der Stahl?«

»Der wurde natürlich verkauft. War ja bester unlegierter

Edelstahl, ein Vermögen wert. Von der Leiche hätte die sorgfältigste Qualitätskontrolle nicht die geringste Spur nachweisen können, nicht ein Milligramm von dem Kumpel war da noch vorhanden.«

»Und du hast jeden Sommer am Hochofen gearbeitet?«

»Natürlich. Ich wollte studieren, ich brauchte das Geld. Einen ungelernten Studenten wie mich da hinzustellen, war von der Firma leichtsinnig oder sogar kriminell, aber mir brachte es ausreichend Geld. So viel, dass ich wieder ein Semester davon bestreiten konnte.«

Für einen Moment schloss er die Augen, und dann sagte er: »Und nun kommt ihr, die Neger aus dem Osten. Eure Familien sind wahrscheinlich nicht einmal arm, vielleicht sogar gut betucht, aber mit einer Währung, die hier allenfalls als Spielgeld gilt. Das hat dann seine Folgen. Auch bei den Mädchen. Gerade bei den hübschen Mädchen. Fahrt doch nach Ostberlin, vielleicht findet ihr dort eine schöne Blume.«

Er grinste und fügte hinzu: »Das sollte jetzt nicht zynisch klingen. Ich hoffe, ihr versteht mich. Ich will euch helfen, aber darum muss ich euch die bittere Pille zum Schlucken geben. Ich habe sie auch schlucken müssen, und ich weiß, es ist nicht ganz leicht. Es ist zum Kotzen. Aber ich weiß auch, man kann es schaffen.«

Über die Möglichkeit, ein Mädchen in Ostberlin kennenzulernen, hatte ich mit Albert häufiger gesprochen, und wir beide meldeten uns schließlich in einer Tanzschule in der Friedrichstraße an. Basti konnte es nicht wagen, in den Ostsektor zu fahren, für ihn wäre das zu gefährlich, und so musste er in Westberlin tanzen lernen.

Die Tanzschule in der Friedrichstraße befand sich im ersten Stock eines Hauses unweit vom S-Bahnhof. Im Erdgeschoss waren zwei Läden mit Schaufenstern, und über der Etage, in der sich die Tanzschule befand, waren zwei Stockwerke mit Wohnungen. Wir wurden von dem Ehepaar Gertzke unterrichtet, dem die Schule gehörte. Sie waren beide über fünfzig Jahre alt, und Frau Gertzke hatte uns, als wir uns anmeldeten, gesagt, dass wir zu den Kursabenden stets ordentlich gekleidet sein müssten. Sie erwarte zudem einen angemessenen Haarschnitt, ihre Tanzschule sei seit Jahren dafür bekannt, dass es gesittet und kultiviert zugehe.

»Wir haben einen guten Ruf in der Stadt zu verteidigen«, sagte sie würdevoll, »wir sind schließlich keine Hottentotten-Anstalt.«

Sie fügte hinzu, wir hätten ein zweites Paar Schuhe mitzubringen, denn es sei nicht zulässig, mit Straßenschuhen das Parkett des Tanzsaals zu betreten. Für den Unterricht sollten wir nach Möglichkeit feste Tennisschuhe mitbringen, auf jeden Fall saubere und gereinigte Schuhe ohne Eisenzwecken in der Sohle.

»Und vor allem: keine Jeans«, sagte Frau Gertzke, als wir unterschrieben und bezahlt hatten, »Jeans und Tango oder gar Walzer, das ist ein Widerspruch in sich.«

Unsere Gruppe bestand aus zwanzig jungen Leuten, die tanzen lernen wollten, zwölf Mädchen und acht Jungen, so dass an jedem Abend vier der Mädchen miteinander zu tanzen hatten.

Zu Beginn jeder Stunde hatten sich alle nebeneinander aufzustellen, auf der einen des Saals die Mädchen und auf der gegenüberliegenden Seite die Jungen. Dann kündigte uns Herr Gertzke an, welche Tanzschritte wir an diesem Abend erlernen würden. Er schaltete ein Tonband an, ging mit durchgedrücktem Rücken zu seiner Frau, verbeugte sich vor ihr und winkelte seinen rechten Arm so an, dass sie sich bei ihm unterhaken konnte. Sie schritten gemessen in die Mitte des Saals, er umfasste seine Frau, und die beiden führten uns die zu erlernenden Tanzschritte vor. Danach stellten sich beide an den schmalen Tisch, auf dem das Tonbandgerät stand, und auf ein Zeichen von Herrn Gertzke – er machte mit dem rechten Arm eine schwungvolle Bewegung – hatten die Jungen auf die Mädchenseite zu gehen und mit einer knappen, aber deutlichen Verbeugung eins der Mädchen um einen Tanz zu bitten.

Am allererersten Abend stoppte Herr Gertzke diesen Auftakt mit einem Schrei, da einige Jungen zur Mädchenseite gestürmt waren, zwei von ihnen rannten geradezu, um zuerst vor dem von ihnen auserwählten Mädchen zu stehen. Wir mussten zurückgehen, uns erneut in einer Reihe aufstellen und uns von Herrn Gertzke belehren lassen, wie man sich in einem Ballsaal verhielt.

Bei dem zweiten Start rannte keiner, aber einige durchquerten sehr eilig den Saal, um vor den anderen bei ihrer Auserkorenen zu stehen und sie um den Tanz zu bitten. Gertzke ermahnte die Jungen und verlangte Respekt und ein würdevolles Benehmen. Dann setzte die Musik ein und wir hatten langsam die von ihm angeordneten Schritte zu gehen. Beide Tanzlehrer liefen durch den Saal und korrigierten die Fehler der Paare. Zum Ende des Unterrichts – er dauerte stets neunzig Minuten – hatten wir im richtigen Tempo die neu erlernten Tanzschritte vorzuweisen, wobei die beiden Gertzkes unsere Bemühungen mit Argusaugen verfolgten.

In der Ankündigung und in dem Vertrag mit der Tanzschule stand zwar, man würde alle klassischen Tänze lernen und auch die allerneuesten, doch die Gertzkes liebten Walzer und Tango und die Moderne endete bei ihnen mit dem Foxtrott. Die allerneuesten Tänze, die von Amerika nach Europa gekommen waren, schätzten sie gar nicht. Das war für sie nicht mehr Tanz, sondern wildes Gehopse, wie sie sagten, verächtlich, unsinnig und wohl bald vergessen.

Nach ein paar Wochen hatte ich mit acht der Mädchen getanzt und mich mit ihnen unterhalten. Zwei der zwölf jungen Damen gingen zur Oberschule und waren in der elften und in der zwölften Klasse, die anderen waren Lehrlinge. Der bevorzugte Beruf dieser Mädchen war offenbar Friseuse, denn vier oder fünf machten eine entsprechende Ausbildung, man sah es an ihren Haaren, die aufwendig toupiert und gefärbt waren.

Da die beiden Oberschülerinnen sehr albern und unreif waren, fragte ich eine dieser Friseusen, sie hieß Madeleine, ob wir uns nicht am nächsten Sonntag einmal treffen könnten. Sie war sofort einverstanden und meinte, wir sollten in den Tierpark gehen. Ich nickte und wir verabredeten uns für den Sonntag um drei Uhr an der Kasse des Ostberliner Tierparks.

Dieser Sonntag war ein einziges Missverstehen. Ich hatte mein ganzes Geld eingesteckt und eine Schachtel *Gauloises Blue* gekauft, da ich bemerkt hatte, dass diese Zigaretten in Ostberlin besonders geschätzt wurden. Madeleine erschien in großer Aufmachung, sie hatte die Haare irgendwie hoch frisiert, so dass sie wie eine Dame aus dem siebzehnten Jahrhundert aussah. Sie trug einen Petticoat, der mindestens sechs, wenn nicht gar zehn oder zwanzig Farben aufwies. Ich musste sie wohl derart fassungslos angestarrt haben, dass sie mir erklärte, Madeleine bedeute: die Erhabene, und so fühle sie sich und wolle es der Welt mitteilen.

Ich bezahlte für sie den Eintritt, da sie es von mir erwartete. Doch alles, was ich ihr von mir und meinem Leben im Internat und Gymnasium und von unserem Theaterzirkel erzählte, interessierte sie überhaupt nicht. Als ich ihr von unserer Aufführung des *Miles Gloriosus* in der lateinischen Urfassung berichtete, fragte sie, in welchem Land man denn diese Sprache spreche, und sie war fassungslos, dass wir ein Theaterstück in einer Sprache aufführten, die heute auf der ganzen Welt keiner mehr nutzte.

»Keiner, das ist nicht richtig«, korrigierte ich sie, »der Papst und alle im Vatikan sprechen Latein.«

»Und wie hat dem Papst eure Aufführung gefallen?«, fragte sie und schüttete sich dann aus vor Lachen.

Dann hielt sie mir lange Vorträge über Ondulieren, Toupieren, Effilieren und Papillotieren. Sie erklärte mir haargenau, wie eine handgelegte Wasserwelle anzufertigen ist, was ich innerlich aufseufzend zur Kenntnis nahm.

Küssen durfte ich sie nicht, weil das ihrem Make-up schaden würde. Ich durfte sie auch nicht umarmen, da sie, wie sie mir erklärte, eine Hochfrisur habe und toupierte Haare auf jede Berührung empfindlich reagierten.

Ich begleitete sie gegen sechs Uhr zu ihrer Wohnung in der Novalisstraße. Den Namen Novalis betonte sie merkwürdigerweise auf der letzten Silbe, und ich fragte sie, wieso sie *Novalís* sage, dieser Friedrich von Hardenberg nenne sich doch *Nóvalis*.

»Im Französischen wird immer die letzte Silbe betont«, erklärte sie mir, »und in dem Salon de coiffure, wo ich arbeite, spricht man alles französisch aus.«

»Aber dieser Novalis war kein Franzose.«

»Das weiß ich selber. Der war irgendwann einmal wohl der Bürgermeister von ganz Berlin. Aber das ist lange her.«

Ich verabschiedete mich sehr rasch von diesem Mädchen und fuhr ins Internat zurück. Ich würde sie nie wieder einladen. Mit Friseusen hatte ich, wie ich mir fest vornahm, für alle Zeiten abgeschlossen.

In dem Theaterzirkel meines Gymnasiums blieb ich Mitglied, bis ich die Schule verließ oder vielmehr verlassen musste. Und ich ging häufiger als im ersten Jahr in eins der Berliner Theater, in das Schillertheater und noch häufiger in die kleine Vagantenbühne. Die Theater in Ostberlin waren zwar weltberühmt und Faro lobte besonders das Brecht-Theater und besuchte es häufig, aber ich vermied es nach Möglichkeit, in den Ostsektor der Stadt zu fahren.

Ich war *abgehauen* und stand als Flüchtling irgendwo auf einer Fahndungsliste. Wenn man mich durch einen dummen Zufall in Ostberlin anhielt, ich mich ausweisen musste und man meinen Namen auf dieser Liste entdeckte, könnte ich Westberlin und das Gymnasium für immer vergessen. Die Tanzstunden in der Ostberliner Friedrichstraße waren gewagt genug, aber da ging es darum, ein Mädchen kennenzulernen, eine Freundin zu finden, eine Frau, die man umarmen kann, deren Haut man berühren und spüren darf, ihre Wärme, ihre Freundlichkeit. Ich suchte eine Frau, die mir zuhört, die mir etwas erzählt, irgendetwas, aber nichts über Ondulieren und Toupieren. Ich brauchte ein Mädchen, das mich anschaut, das mich anlächelt. Da ich mit den Friseusen in der Tanzschule nichts anfangen konnte und es Albert ebenso erging, brachen wir den Tanzkurs vorzeitig ab, zumal das Ehepaar Gertzke uns mit seinem vornehmen Getue auf die Nerven ging und wir für unser weiteres Leben ausreichend Walzer- und Tangoschritte beherrschten.

Ich musste Ostberlin nach Möglichkeit meiden, auch die von Faro hochgelobten Theater auf der anderen Seite der Stadt. Mir standen nur die Theater in den Westsektoren offen.

XII Eine schöne junge Dame

Basti und ich gingen zweimal im Monat in das Schillertheater am *Knie*, einem Platz, der vor ein paar Jahren nach dem ehemaligen Bürgermeisters Ernst Reuter umbenannt worden war, aber in der Stadt immer noch *Knie* hieß. Wir konnten dort für Ostgeld die großen klassischen Stücke sehen, aber auch die neuesten aus Amerika. Wichtig für uns war, welche Schauspieler dort auftraten, und einen von ihnen, Klaus Kammer, schätzten wir beide besonders und sahen uns die Aufführungen mit ihm mehrmals an. Es war seine Stimme, seine Sprache, die uns faszinierte und die wir »überirdisch« fanden.

Wir versuchten, auch zu den Proben zu gehen, die manchmal nachmittags oder abends stattfanden, aber all unsere Versuche, über den Bühneneingang ins Theater zu kommen, scheiterten an einem mürrischen und sehr misstrauischen Pförtner.

Doch dann entdeckten wir die Vagantenbühne, ein kleines, ein winziges Theater im Souterrain des Delphi-Hauses in der Kantstraße, in der Nähe vom Bahnhof Zoo. Es hatte nur neunundneunzig Plätze und zeigte vor allem moderne Stücke aus Frankreich, Italien und Spanien, aber auch neue deutsche Stücke.

Besonders beeindruckte uns die Inszenierung des Dramas »Draußen vor der Tür« von Wolfgang Borchert, eines Stücks, das wir im Deutschunterricht gelesen und analysiert hatten und in dem es um den aus Krieg und Gefangenschaft in seine Heimat heimgekehrten Soldaten Beckmann geht, der sich im

Leben nicht mehr zurechtfindet und sterben will, weil er mit – für uns nicht ganz nachvollziehbaren – Schuldgefühlen nicht zurechtkommt.

Das Stück hatten wir sechs Mal gesehen, und obwohl ich den Text irgendwann fast auswendig kannte, ergriff mich die Geschichte stets aufs Neue.

Noch ein weiteres Stück faszinierte uns: *Geschlossene Gesellschaft* von Jean-Paul Sartre, ein kleines Drama für vier Schauspieler. Darin müssen die vier Figuren gemeinsam in einem abgeschlossenen Raum leben, der für sie die Hölle ist, da sie sich gegenseitig hassen und doch untrennbar und für alle Ewigkeit miteinander verbunden bleiben.

Das Theater gefiel uns. Die Bühne war sehr klein, und wir waren überrascht, wie der Bühnenbildner trotzdem immer wieder gänzlich verschiedene Räume zaubern und weit in die Ferne reichende Perspektiven schaffen konnte. Die Nähe zu den Schauspielern – wenn man einen Platz in der ersten oder zweiten Reihe bekommen hatte, gab es nur einen Abstand von einem Meter zur Bühne – intensivierte die Eindrücke, man wurde ins Spiel hineingezogen, als wäre man selbst Teil der Inszenierung, und erlaubte eine feinere, gesteigerte Wahrnehmung ihrer Arbeit. Nicht die kleinste ihrer Regungen entging uns, für uns war es wie ein Schauspielunterricht, und nach den Vorstellungen machte es uns großes Vergnügen, einzelne ihrer Sätze oder Bewegungen nachzuahmen.

Bei den Vaganten gab es keinen Pförtner, und als ich an einem Nachmittag am Bühneneingang anklopfte, wurde mir geöffnet. Ein Mann – er ist mir als dick, schwerfällig und lustig in Erinnerung – fragte mich freundlich, was ich denn wünsche, die Abendkasse öffne erst um sechs.

Ich sagte ihm, dass ich schon alle Inszenierungen der Vagantenbühne gesehen habe, einige davon sogar mehrmals, und ich wollte wissen, ob es möglich sei, auch bei den Proben dabei zu sein.

»Bei den Proben?«, fragte er und lachte auf, »die Proben sind nicht öffentlich.«

»Ich weiß«, sagte ich, »aber vielleicht geht es dennoch?«

»Was machst du denn? Gehst du noch zur Schule?«

»Ja, ins Gymnasium.«

»Siehst du, schon darum geht das nicht. Wir proben vormittags, und da musst du in der Schule sein.«

»Und am Montagabend? Am spielfreien Abend? Soviel ich weiß, wird da auch abends geprobt.«

»Ja, du Schlauberger, am Montag gibt es noch die zusätzliche Abendprobe. Ob du dir das ansehen darfst, weiß ich nicht. Ich werde den Regisseur fragen. Komm am Montag her, dann kann ich es dir sagen. Aber du musst zehn vor sechs hier sein, wenn du zu spät kommst, darfst du auf keinen Fall mehr rein.«

»Danke. Ich bin Montag hier. Zehn vor sechs.«

Am nächsten Montag machte ich mir beim Frühstück noch drei Klappstullen, die ich in meinem Schrank deponierte, denn da ich am Abend zu den Vaganten wollte, würde ich das Abendessen versäumen. Nach den Schularbeiten sagte ich Basti, dass ich mir eine Theaterprobe anschauen wolle und daher erst um zehn Uhr wieder im Internat sein werde.

Kurz nach fünf ging ich zum Roseneck, von dort fuhr ein Bus direkt zum Bahnhof Zoo, und eine halbe Stunde später stand ich vor dem Bühneneingang des Vagantentheaters. Dort wartete ich fünf Minuten, um dann genau zehn vor sechs anzuklopfen. Der dickliche Mann, mit dem ich vor vier Tagen gesprochen hatte, öffnete die Tür und lächelte, als er mich sah.

»Du hast Glück, Junge, Fritz hat nichts dagegen. Du musst

dich in die letzte Reihe setzen und darfst keinesfalls stören. Die Probe geht bis neun. Du kannst in der Pause gehen oder dann erst nach dem Ende der Probe. Verstanden?«

Ich nickte. Er winkte mir und ich folgte ihm auf dem verwinkelten Weg zur Bühne. Dort standen drei Stühle und die Attrappe einer Tür. Ich ging rasch über die Bühne, stieg in den Zuschauersaal und setzte mich in die letzte Reihe.

Kurz danach erschien der Regisseur zusammen mit einem jungen Mann. Beide blickten kurz zu mir, setzten sich dann in die dritte Reihe hinter ein auf die Stuhlreihen gelegtes Schreibpult, öffneten Bücher und Hefte und redeten miteinander. Dann rief der Regisseur einen Namen, und zwei Schauspieler, die ich schon öfter in Inszenierungen gesehen hatte – einer der beiden spielte den Beckmann im Borchert-Stück –, erschienen, gingen an die Rampe und warteten darauf, dass der Regisseur Anweisungen gab. Es dauerte einige Sekunden, dann sagte der Regisseur, er habe die zweite und dritte Szene endgültig gestrichen, nach der ersten würde man gleich in die vierte springen.

»Bitte den Übergang«, sagte er, »Ende der ersten und dann direkter Anschluss der vierten.«

Die beiden Schauspieler verständigten sich kurz und begannen ihr Spiel. Ich wusste nicht, welches Stück sie probten, vermutete aber, es sei ein französisches, denn sie redeten sich mit »Gaston« und »Monsieur Renaud« an. Jener Gaston war offenbar ein aus dem Krieg zurückgekehrter Soldat, der nicht mehr wusste, wer er war, wie er hieß, wohin er in der Welt gehörte.

Der Regisseur unterbrach sie häufig, sprach ihnen die Sätze vor und sprang ab und zu auf die Bühne, um ihnen eine Geste oder einen Gang zu zeigen. Nach eineinhalb Stunden gab es eine Pause, die vier verschwanden, ohne sich um mich zu kümmern, und kamen nach zehn Minuten mit einer älteren Frau zurück, mit der der Regisseur sehr höflich sprach, er behandelte sie fast ehrerbietig. In der nun folgenden Probe wurde sie von den beiden Schauspielern, die Renaud und Gaston darstellten, als Gräfin Dupont angeredet.

Punkt neun Uhr beendete der Regisseur die Probe und verschwand mit den drei Schauspielern und seinem Assistenten durch eine Tür auf der Hinterbühne, ohne sich um mich zu kümmern. Ich stand auf, um ihnen hinterherzugehen. Der dicke Mann erschien, bevor ich die Bühne erreicht hatte.

»Na, hat es dir gefallen?«

»Ja, sehr gut. Kann ich nächsten Montag wiederkommen?«

»Wenn du nicht störst und Fritz einverstanden ist, warum nicht. Aber nun geh. Ich mache noch meinen Kontrollgang, lösche die Scheinwerfer und schließe ab.«

Auf dem Weg zum Ausgang kam ich am Schwarzen Brett vorbei, wo der Probenplan hing. *Der Reisende ohne Gepäck* hieß das Stück, das heute geprobt worden war, allerdings stand kein Autorenname dabei. Da die Probe um neun endete, konnte ich noch vor zehn Uhr im Internat sein.

In den nächsten Tagen versuchte ich herauszufinden, wer der Autor des Stückes war. In einer Buchhandlung am Hohenzollerndamm fand ich einen zweibändigen Schauspielführer, in dem das Stück aufgeführt und kurz beschrieben wurde, es sei ein Drama von Jean Anouilh, eine Farce, die in den Jahren nach dem Ersten Weltkrieg spiele und von einem Mann handle, der im Krieg sein Gedächtnis verloren hatte und dem eine Gräfin dabei behilflich sei, seine Familie wiederzufinden. Das Stück sei eine Komödie mit einem sehr ernsthaften Hintergrund und habe Rollen für sieben Damen und fünf Herren.

Am folgenden Montag saß ich wieder in der letzten Reihe bei den Vaganten und sah der Probe zu. Der Regisseur war diesmal sehr nervös und fauchte die Schauspieler mehrmals an. Mit dem Schauspieler, der den Gaston spielte, war er besonders unzufrieden, er warf ihm wiederholt vor, alles, was sie genauestens erarbeitet hätten, zu verschlampen.

»Das ist keine Schmierenkomödie, Fred, das ist ein Anouilh, das verlangt Respekt und Präzision«, wiederholte er mehrmals.

Allein die Darstellerin der Gräfin behandelte er nach wie vor achtungsvoll und lobte ihr Spiel.

Die Probe endete wieder um Punkt neun Uhr. Beim Hinausgehen sah ich mir den Probenplan genauer an. Die Premiere sollte in zehn Tagen sein, einem Donnerstag, und für den nächsten Montagabend war ein erster Durchlauf geplant, so dass ich in einer Woche das ganze Stück sehen konnte.

Eine Woche später war ich wieder kurz vor sechs am Bühneneingang, der diesmal offen stand. Der dickliche Mann nickte mir zu, ich ging in den Zuschauerraum und setzte mich in die letzte Reihe.

Die Probe begann mit einer viertelstündigen Verspätung, außer dem Regisseur und seinem Assistenten kamen noch sechs weitere Männer und eine Frau, die wohl die Bühnenbildnerin war, und setzten sich in die Reihen vor mir. Sie schauten mich kurz an, sagten aber nichts.

Die Darsteller erschienen diesmal kostümiert, die Gräfin trug ein langes, weißes Taftkleid mit einem roten Taillengürtel zum Binden, die Männer waren bäuerlich gekleidet mit Joppen und Arbeitshosen. Der Kriegsheimkehrer Gaston trug einen schäbigen, durchlöcherten Militärmantel mit abgerissenen Schulterklappen, wohl derselbe Mantel, den jener Beckmann im Borchert-Stück trug.

Die Rollen waren sehr unterschiedlich, es gab vier Darsteller, die häufig auf der Bühne waren und viel Text hatten, und es gab sehr kleine Rollen, wo die Darsteller nur einige Minuten zu sehen waren. Eine der kleinen Rollen war im Personenverzeichnis nur als *Eine schöne junge Dame* gekennzeichnet, sie hatte keinen Namen. Die Darstellerin war jung, die Jüngste im ganzen Ensemble, aber sie wirkte blass und nichtssagend.

Der Durchlauf wurde vom Regisseur zweimal unterbrochen, er verlangte, dass eine Szene ein zweites Mal vorgeführt werden sollte, mit mehr Tempo, und bei einer anderen Szene strich er mehrere Sätze, obwohl die beiden Schauspieler protestierten.

Kurz nach acht war der Durchlauf zu Ende, die Schauspieler verschwanden – es waren insgesamt nur neun Darsteller zu sehen gewesen, nicht zwölf, wie bei Anouilh vorgeschrieben – und der Regisseur setzte sich mit seinem Assistenten und der Bühnenbildnerin zu den sechs Männern in der fünften Reihe und redete mit ihnen. Ich konnte sie kaum verstehen, blieb aber auf meinem Platz sitzen. Nach einigen Minuten erschienen die Schauspieler, sie hatten sich umgezogen und warteten an der Rampe auf die Anweisungen des Regisseurs. Die sechs Besucher verabschiedeten sich mit einem Schulterklopfen von ihm und gingen an den Schauspielern vorbei, wobei sie achtungsvolle Gesten ihnen gegenüber machten.

»Setzt euch«, sagte der Regisseur, dann drehte er sich zu mir um: »So, nun musst du auch gehen. Wir machen jetzt Kritik, da sind Zuschauer nicht zugelassen. – Wie hat es dir gefallen?«

»Sehr gut«, sagte ich, »ein sehr beeindruckendes Stück. Das wird sicher ein großer Erfolg.«

»Na, hoffen wir, dass du recht hast. Wieso kommst du eigentlich zu unseren Proben? Willst du Schauspieler werden?«

»Nein, aber ich will nach der Schule zum Theater. Ich will dort arbeiten, ich will es kennenlernen.«

»Was hast du vor? Was willst du genau machen? Regie, Bühnenbild, Technik?«

»Nein, ich will schreiben. Theaterstücke.«

»Na, wunderbar, ein neuer Shakespeare. Dann werden wir ja hier bald ein Stück von dir aufführen. Aber nun musst du verschwinden, wir haben noch zu arbeiten.«

»Auf Wiedersehen. Bis nächsten Montag!«

»Nun geh schon.«

Für den nächsten Montag war die erste Hauptprobe angesetzt. Die Bühne sah an diesem Tag ganz anders aus. Die Türattrappe war verschwunden, ebenso die Stühle. Nun war als Kulisse eine Landschaft aufgebaut mit einem angedeuteten Park, einem schlossähnlichen Vorbau auf der rechten Seite und mit einem einstöckigen Wohnhaus auf der linken, das wohl einen Bauernhof darstellen sollte. Als ich kam, liefen drei Techniker über die Bühne, sie waren noch damit beschäftigt, die Scheinwerfer zu richten, Kabel zu verlegen und Markierungen anzubringen.

Es dauerte eine halbe Stunde, ehe das Regieteam erschien. Mit ihm kamen mehrere Frauen und Männer, die sich im Zuschauerraum verteilt hinsetzten, alle hinter der Reihe, in der das Schreibpult lag und wo der Regisseur, die Bühnenbildnerin und der Assistent saßen. An der Bühnenseite tauchte der Kopf des freundlichen dicken Mannes auf, den alle Freddy nannten und der in Ostberlin wohnte.

»Können wir, Fritz?«, fragte er.

»Bitte. Vorhang. Licht aus!«, rief der Regisseur.

Der Vorhang schloss sich vor der kleinen Bühne, und das Saallicht erlosch. Dann ertönte zwei- oder dreimal eine Klingel, und zwei Sekunden später öffnete sich der Vorhang wieder. Nun strahlte die Bühnendekoration im Licht einer Mittagssonne, Kühe waren zu hören und fernes Hundegebell. Dann vernahm man schwere Schritte, und der aus dem Krieg zurückgekehrte Gaston stolperte auf die Bühne und sah sich überrascht und erstaunt um, bevor er sich zu einer Pumpe beugte und gierig Wasser trank.

Bei der Hauptprobe gab es keine einzige Unterbrechung, aber der Regisseur flüsterte seinem Assistenten unaufhörlich und vernehmbar etwas zu, was dieser bei dem schmalen Schein einer winzigen Arbeitslampe notierte. Die Schauspielerin, die die Rolle einer *Schönen jungen Dame* spielte, hatte nun eine Hochfrisur und war geschminkt, sie war jetzt tatsächlich eine schöne junge Dame.

Nach der Probe bat der Regisseur die Schauspieler, nicht in den Garderoben zu verschwinden, sondern zur Kritik in den Saal zu kommen. »Und alle anderen bitte ich, jetzt zu gehen«, sagte er, »auch du, Shakespeare.«

Freddy, der dicke, lustige Mann, der wohl Inspizient und Hausmeister war, fragte mich, ob ich mir auch eine der Vorstellungen vom *Reisenden* ansehen werde.

»Ja, auf jeden Fall.«

»Für die dritte Vorstellung am Achtzehnten habe ich eine Freikarte. Wenn du willst, kannst du sie haben.«

»Danke. Sehr gern. Vielen, vielen Dank.«

Ein paar Tage später konnte ich in meinen beiden Abendzeitungen kurze Berichte über die Premiere lesen. Das Stück wurde gelobt, es verhandele ein wichtiges Thema, das nach dem Ende des Zweiten Weltkriegs an Brisanz gewonnen habe. Der Regisseur und die Darstellerin der Gräfin wurden gelobt, zwei weitere Schauspieler, Gaston und George Renaud, wurden noch namentlich erwähnt, über die anderen Rollen stand nichts in den Zeitungen, auch über die *schöne junge Dame* war in den Blättern nichts zu lesen.

Am Achtzehnten war ich eine Stunde vor Vorstellungsbeginn am Theater. Am Bühneneingang fragte ich nach Freddy, man sagte mir, er sei schon an seinem Inspizientenpult, und ließ mich ein. Ich fand ihn tatsächlich an der Anlage, von wo aus er die Technik des kleinen Theaters steuerte und eine Sprechverbindung mit der Garderobe hatte. Die Freikarte lag bereits zwischen den Schaltern seines Pults. Er gab sie mir, und ich bedankte mich. Ich fragte ihn, ob an den Montagabenden bereits ein neues Stück geprobt werde.

»Nein, nein, jetzt sind für ein paar Wochen die Montage wirklich spielfrei, da gibt es auch keine Proben. Wir brauchen auch einen freien Tag in der Woche. Die Proben beginnen erst in drei Wochen. Und die Montagabend-Proben, das sind Ausnahmen, das machen wir nur, wenn es nötig ist, also erst beim Endspurt. Aber du kannst ja in vier oder fünf Wochen noch einmal fragen. – Und jetzt viel Spaß.«

Er drückte auf einen der Knöpfe.

»Gudrun, bist du da?«

»Bin schon umgezogen und warte auf die Maske.«

»Gut.«

Er drückte auf einen anderen Knopf und fragte, ob Ferdinand in der Garderobe sei. Ich nickte ihm zu und ging mit meiner Karte zum Ausgang.

Die Vorstellung lief gut, alle Schauspieler waren textsicher – die Souffleuse, die in der ersten Reihe saß, musste nie helfend einflüstern – und die Unsicherheiten, die noch bei der ersten Hauptprobe das Spiel gehemmt hatten, waren verschwunden. Der Beifall des Publikums am Ende des Abends war kurz, aber herzlich.

Tatsächlich wurden die Proben am Montagabend erst nach sechs Wochen wiederaufgenommen. Ich hatte in dieser Zeit noch zwei weitere Aufführungen der Vaganten gesehen und mich vor Vorstellungsbeginn bei Freddy gemeldet, um zu hören, wann ich wieder zu Proben kommen konnte.

Für die neue Spielzeit wurden drei Einakter von Curd Goetz geprobt, Regie führte wieder Fritz, der mich mit einem freundlichen Kopfnicken begrüßte. Er hatte denselben Assistenten wie bei seiner letzten Inszenierung, für das Bühnenbild war ein junger Mann namens Pieter zuständig, der zwei Monate zuvor sein Studium an der Kunsthochschule Weißensee beendet hatte.

Drei der Schauspieler aus dem *Reisenden ohne Gepäck* waren besetzt, auch die Frau, die die *schöne junge Dame* gespielt hatte, war dabei, doch diesmal hatte sie eine größere Rolle. Sie spielte Fanny, die Frau des reichen Gutsbesitzers Harry, den sie mit dessen bestem Freund Bobby betrügt. Statt des Bühnenbilds war wieder die Türattrappe zu sehen, zudem ein paar Stühle, ein Tisch und eine Liege. Die Probe begann mit einem Durchlauf, den der Regisseur nicht unterbrach, der erste Einakter dauerte nur zwanzig Minuten. Dann rief Fritz die fünf Darsteller zu sich und redete mit ihnen, bevor er sie wieder auf die Bühne schickte und zwei weitere Szenen probieren ließ.

Punkt neun Uhr beendete er die Probe. Als ich gehen wollte, rief er mich zu sich: »Shakespeare, komm mal her.«

»Ich heiße Daniel.«

»Entschuldige, Daniel, ich wollte dich nicht ärgern. – Du hast den Durchlauf gesehen, hast du alles verstanden? Oder fehlte für dich etwas?«

»Nein, es fehlte nichts und war sehr, sehr leicht zu verstehen. Nur dass Harry und Bobby wirklich Freunde sind, ich weiß nicht, aber das glaube ich nicht. Der Bobby bescheißt den anderen doch.«

»Ja, genau das meinte ich. – Pieter, ich glaube, wir werden die Striche Seite zwei und drei wieder aufmachen müssen – Danke, Daniel.«

»Auf Wiedersehen. Ich bin nächsten Montag wieder da. Sie proben doch abends?«

»Ja, das müssen wir. Dann bis nächsten Montag.«

Ich besaß einen Leserausweis der Amerika-Gedenkbibliothek und lieh mir dort einen Band mit Stücken von Curd Goetz aus. Unter dem Titel *Nachtbeleuchtung* waren fünf Einakter zusammengefasst, von denen die Vaganten für ihre Inszenierung drei ausgewählt hatten. Ich las die Stücke, es waren Komödien, und die drei ausgewählten Einakter las ich zweimal. Besonders aufmerksam las ich das Stück *Tobby*, das Stück, von dem ich den Durchlauf gesehen hatte, um zu sehen, was der Regisseur gestrichen hatte.

Zur nächsten Probe nahm ich das Buch mit. An dem Abend wurde der Einakter *Minna Magdalena* geprobt, und wieder begann die Probe mit einem Durchlauf. Es ging um ein sehr naives Mädchen vom Dorf, das andauernd ohnmächtig wird, so dass ihr Arbeitgeber, ein Professor, bei dem sie als Dienstmädchen arbeitet, und ihr Vater sie irrtümlich für schwanger halten.

Die Schauspielerin, die in der Woche zuvor die kultivierte und elegante Frau des Gutsbesitzers gespielt hatte, hatte die Rolle dieser einfältigen Landpomeranze übernommen, also das krasse Gegenteil zu der herrschaftlichen Gutsfrau in *Tobby*.

In der kurzen Probenpause erkundigte sich der Regisseur nach meinem Eindruck. Ich sagte, dass mir die junge Frau besonders gefallen habe, zumal sie letzte Woche eine völlig andere Person glänzend dargestellt habe.

»Ja, Friederike macht sich. Die kommt noch groß raus. Hast du noch etwas anzumerken, Daniel? – Daniel ist doch dein Name?«

»Ja. Ich habe *Tobby* gesehen. Ich glaube, es sind nur zwei halbe Seiten, wo zu viel gestrichen wurde. Sehen Sie hier, ich habe es mit Bleistift notiert.«

Ich reichte ihm das Buch aus der Bibliothek, wobei ich es aufschlug und auf die Stellen hinwies. Er sah es sich interessiert an und lachte auf.

»Ja, hier habe ich dieselben Sätze wieder aufgemacht. Und deine zweite Stelle?«

»Die ist drei Seiten weiter.«

»Ich weiß nicht. Meinst du, wir brauchen sie?«

Ich nickte.

»Gut. Ich werde es mir überlegen. Du hast ein gutes dramaturgisches Gespür. Nicht schlecht für einen Burschen, der Stücke schreiben will.«

Er gab mir das Buch mit den Goetz-Stücken zurück und ging in die Reihe mit dem Regiepult. Sein Assistent rief die Schauspieler, und die Probe nahm ihren Fortgang. Irgendwann sagte der Regisseur zu Friederike, der Darstellerin der Minna, dass im Saal ein großer Verehrer von ihr sitze, nannte meinen Namen und wies dabei auf mich. Sie blickte zu mir her und nickte freundlich.

Am Ende der Probe bedankte sich der Regisseur nochmals für meinen Hinweis und fragte dann: »Sehen wir uns nächsten Montag? Zur ersten Hauptprobe?«

»Sehr gern. Ich habe ja noch nicht alle Einakter gesehen.«

Als ich mich von Freddy, dem Inspizienten, verabschiedete, fragte auch er, ob ich zur ersten Hauptprobe am nächsten Montagabend kommen würde.

»Auf jeden Fall. Bis nächste Woche.«

Ich hatte bereits die Tür geöffnet, um hinauszugehen, als ich gerufen wurde. Es war Friederike, die bereits umgezogen war und ebenfalls das Haus verließ.

»Noch Lust auf ein Bier oder einen Wein?«, fragte sie.

Ich warf rasch einen Blick auf meine Uhr, es war zehn nach neun. Um pünktlich im Internat zu sein, müsste ich den Bus bekommen, der fünf nach halb zehn am Zoo abfuhr, trotzdem nickte ich und sagte: »Sehr gern. Ein Bierchen wäre nicht schlecht. Wo wollen wir uns hinsetzen?«

»Gleich gegenüber, in die Weinstube. Sie ist so etwas wie unsere Theaterkantine, die wir nicht haben. Die haben auch Bier, und wir Vaganten haben einen Rabatt von zwanzig Prozent.«

Der Wirt grüßte Friederike und kam gleich danach mit einem gefüllten Weinglas an den Tisch.

»Ein grüner Veltliner, nicht wahr?«

Friederike nickte.

»Und der junge Herr? Gehört er auch zum Theater?«

»Ja, er ist ein Autor«, sagte sie, »er schreibt Theaterstücke.«

»Oha! Auch einen Veltliner, der junge Herr?«

»Ein Pils, bitte.«

»Kommt sofort.«

Nachdem der Wirt gegangen war, sagte ich zu ihr: »Warum sagen Sie, dass ich Theaterautor bin? Das stimmt doch gar nicht.«

»Du musst mich nicht siezen. So alt bin ich nicht. Und Bühnenautor, das willst du doch werden. – Du gehst noch zur Schule?«

»Ja, ins Gymnasium. Obersekunda. Bis zum Abitur habe ich noch zwei volle Jahre.«

»Abi, nein, das war nichts für mich. Ich bin mit sechzehn

abgegangen und habe drei Kreuze geschlagen. Aber da hatte ich auch schon die Aufnahmeprüfung bei Zerboni bestanden. Zerboni, weißt du, das ist eine Schauspielschule in München, ziemlich berühmt.«

Sie erzählte mir, dass sie drei Jahre in München studiert habe und dass die Vagantenbühne ihr erstes Engagement sei.

»Ist nur eine kleine Bühne, hat aber für mich den Vorteil, dass ich hier Rollen bekomme, auch mal eine Hauptrolle. An den großen Häusern kannst du als Anfängerin nur Kiki spielen. Ein paar Jahre will ich hierbleiben und schau mich dann nach was Größerem um. Und du?«

Ich erzählte ihr, dass ich aus dem Osten kam und hier ins Gymnasium ging, weil es mir daheim nicht erlaubt wurde, dass ich in einem Internat wohnte und nach dem Abitur gerne Regie studieren würde.

»Um dann zu schreiben?«

»Ja.«

»Und wie ist es im Internat? Geht es da sehr streng zu?«

»Ach, es geht. Nur mit dem Ausgang ist es schwierig.«

Ich schaute auf meine Uhr.

»Jetzt ist zehn nach zehn. Um zehn hätte ich im Internat sein müssen, Punkt zehn wird abgeschlossen.«

»Und was machst du jetzt?«

»Ich muss klopfen und hoffen, dass mich einer der Adjunkten hört und einlässt. Ansonsten habe ich eine Nacht im Freien vor mir.«

»Oh Gott. Wenn du willst, kannst du bei mir übernachten. Ich habe nur eine winzige Wohnung, zwei kleine Zimmer, Küche und Toilette. Du könntest auf meinem Sofa schlafen. Willst du?«

»Großartig. Wenn das geht, Friederike, wäre das wunderbar.

Allerdings müsste ich früh aus dem Haus, spätestens um Viertel nach sieben, um pünktlich im Gymnasium zu sein.«

»Oh, dann musst du dir den Wecker stellen. Ich stehe nie vor neun auf. Dann trink aus und wir gehen. Ich lade dich ein.«

Ihre Wohnung war zehn Minuten entfernt, in einem Haus in der Gervinusstraße, im vierten Stock. Die beiden Zimmer waren spärlich möbliert, in dem Wohnzimmer stand außer einem Sofa nur noch ein kleiner Tisch mit einem Stuhl. Gegenüber dem Fenster hing ein riesiger Spiegel an der Wand, drei Meter breit, er reichte von einer Wand bis zur anderen.

Friederike ging in die Küche und kam mit einer Flasche Wein und zwei Gläsern zurück.

»Noch einen Absacker, Daniel? Bier habe ich nicht im Haus, nur Wein.«

»Gern. Danke.«

Wir unterhielten uns über die Vagantenbühne und über die anderen Berliner Theater. Als jeder sein Glas ausgetrunken hatte, stand sie auf und sagte: »Dann mach ich dir mal dein Bett.«

Sie holte aus ihrem Schlafzimmer eine Decke und einen Bettbezug, blieb dann unvermittelt stehen, ließ die Decke auf den Fußboden fallen und die Arme sinken. Sie lächelte mich an und sagte: »Ach was, Daniel, ich bin zu müde, um noch ein Bett zu beziehen. Schlaf in meinem Bett. Ich brauch mal wieder die Nähe eines Mannes. Oder hast du mit einem solchen Angebot Probleme?«

Ich schüttelte den Kopf und wurde wohl rot, denn sie lachte laut auf und zog mich in ihr Zimmer. Dann ging alles ganz rasch und bei mir noch schneller, denn ich hatte einen ersten Samenerguss, als sie mein Glied nur anfasste.

»Ist das für dich das erste Mal?«, fragte sie.

Ich schüttelte den Kopf.

»Aber viel Übung hast du nicht, oder?«

»Ich war erst einmal, na ja, so mit einer Frau zusammen.«

»Erst einmal? Na, da muss ich dir wohl einiges beibringen.«

Sie war völlig unbefangen, hatte keinerlei Scheu, sich nackt zu zeigen, während ich bemüht blieb, meinen Schwanz abzudecken. Friederike nahm meine Hände und streichelte sich mit ihnen, führte meine Finger an ihren Hals, ihre Brüste, ihren Hintern und presste sie schließlich zwischen ihre Oberschenkel. Sie griff nach meinem Hintern, fuhr den Rücken hoch und runter. Dann beugte sie sich über mich, küsste meine Brust, meinen Bauch, die Innenseiten meiner Oberschenkel und nahm dann meinen Penis in den Mund, anfangs sehr behutsam, doch dann so fest, dass es schmerzte.

Erst nach Mitternacht löschte sie das Nachtlicht. Sie hatte zuvor den Wecker auf sieben Uhr gestellt und mir gesagt, dass sie um diese Zeit nicht aufstehe, sondern weiterschlafe. Ich könne mir in der Küche einen Kaffee machen und mir aus dem Kühlschrank nehmen, was ich wolle, viel sei ohnehin nicht darin zu finden.

Ich wurde Viertel vor sieben Uhr wach, zu der Zeit, in der man im Internat geweckt wurde, stand vorsichtig aus dem Bett auf und stellte den Wecker ab. Friederike drehte sich um, ich streichelte sie, doch sie wehrte mich im Schlaf oder Halbschlaf unwillig ab.

In der Küche fand ich eine Dose mit Nescafé, im Kühlschrank Butter und Honig. Ich machte mir eine Schnitte zurecht, die ich zusammenklappte, um sie auf dem Weg zur Bushaltestelle zu essen. Auch den Kaffee trank ich nicht in der Küche, sondern nahm ihn in einem Pappbecher mit, ich wollte keinesfalls zu spät im Gymnasium erscheinen.

Basti begrüßte mich im Klassenzimmer mit einem breiten Grinsen. Er wollte wissen, wo ich die Nacht verbracht hatte.

»Nicht auf einer Parkbank, falls du das glaubst.«

»Verstehe. War wohl eine angenehme Nacht für dich. Und heute Nachmittag das Turnier, wie steht es da bei dir? Kannst du beim Handball mitmachen oder hast du dich heute Nacht zu sehr verausgabt?«

»Sei unbesorgt, die Bälle krieg ich noch übers Netz. Vielen Dank, dass du meine Schulsachen mitgebracht hast.«

»Als du auch heute Morgen nicht zu sehen warst, dachte ich mir schon, dass du direkt in die Schule kommst.«

»Danke. So kann ich der Marmarschke also doch die Englisch-Übersetzung vorlegen.«

»Und wo warst du heute Nacht?«

»In einem Bett, Basti.«

»Willst du mir nicht sagen, wo du warst?«

»Die Frau kennst du nicht.«

»Du warst diese Nacht mit einer Frau zusammen? Du hast heute Nacht gevögelt, Daniel? Oh, toll! Machst mich richtig neidisch.«

»Ja, es war toll. Und heftig, sehr heftig.«

»Dann bist du also keine Jungfrau mehr.«

»Bin ich schon lange nicht mehr. Und du?«

»Ach, frag nicht. Ich hatte mal eine Freundin, aber das war noch zu Hause, und sie war jung und zierte sich. Und hier in Berlin ist es schwierig. Groß ausgehen und einladen, das kann ich mir nicht leisten, und ohne das geht es nicht.«

»Geht schon, ich jedenfalls musste nichts bezahlen. Ganz im Gegenteil.«

»Glückspilz. Wie alt ist denn deine Dame?«

»Zwanzig oder einundzwanzig. Ich habe sie nicht gefragt.«

»Nimm mich das nächste Mal mit. Vielleicht hat sie eine Schwester.«

»Ich werde sie fragen. – Achtung, Tomaschewski kommt.«

Ich hatte mir in meinen Abendzeitungen den Spielplan der Vagantenbühne angesehen und stand zwei Tage später um neun Uhr am Bühneneingang, da Friederike an diesem Abend zu spielen hatte. Zehn nach neun erschien sie mit zwei Kollegen und kam, als sie mich sah, auf mich zu.

»Grüß dich. Wartest du auf mich?«

»Ja. Ich dachte, wir könnten heute …«

»Heute, nein, das geht nicht. Ich gehe mit den beiden Kollegen in die Weinstube, wir haben da noch einiges zu klären. Wie wäre es morgen nach der Probe? Sagen wir um drei bei mir.«

»Ich bin da, Friederike. Morgen um drei. Dann noch einen schönen Abend.«

Noch am Abend bat ich Albert, für mich am nächsten Tag das Zeitungsgeld abzurechnen und mein Standgeld zu kassieren, da ich am Nachmittag keine Zeitungen verkaufen könne. Er wollte wissen, warum ich nicht mitkomme und was ich vorhabe, aber ich sagte nur, ich treffe mich mit einer Cousine.

»Die Cousine, bei der du vor drei Tagen übernachtet hast?«, erkundigte er sich.

Ich grinste ihn an, sagte aber nichts.

Nach dem Mittagessen am nächsten Tag setzte ich mich an meinen Schreibtisch und machte die Schularbeiten, das Vokabellernen verschob ich auf den Abend, ich wollte rechtzeitig in der Gervinusstraße erscheinen. Ich hatte Basti gebeten, für mich einen Blumenstrauß in seinem Laden am Roseneck zu kaufen, denn er würde ihn billiger bekommen, und tatsächlich erschien er mit einem riesigen Rosenstrauß, der gewiss sehr viel mehr wert war als die fünf Mark, die ich Basti gegeben hatte. Er hatte seiner Chefin erzählt, seine Mutter, die er nicht mehr besuchen dürfe, würde am Nachmittag zu ihm kommen. Sie würde sicherlich viel für ihn mitbringen und er wolle sich daher mit einem Blumenstrauß für den Besuch bedanken.

Als ich ihn Friederike überreichte, fragte sie, ob ich im Lotto gewonnen habe, einen so riesigen Strauß habe sie sich in ihrem ganzen Leben noch nicht leisten können.

Sie hatte bis um sechs Zeit, und diese drei Stunden verbrachten wir mit »Nachhilfeunterricht«, wie sie es nannte, und der war lebendiger und leidenschaftlicher als der bei Fräulein Marmarschke oder Professor Bellnitz. Da wir zwischendurch ein kleines Glas Wein tranken, war ich beim Abendbrot im Internat etwas betrunken, was Faro bemerkte. Er meinte, ich solle mich nach dem Essen ins Bett legen, zuvor aber in den Garten gehen, um mich auszulüften, damit nicht noch einem anderen meine Alkoholfahne auffalle.

In den folgenden Wochen war ich an allen Montagen, an denen es eine Abendprobe gab, bei den Vaganten und durfte erleben, wie drei Inszenierungen entstanden. Fritz, der Regisseur, erkundigte sich jeden Montag nach meinem Eindruck. Er sagte mir, es sei für ihn wichtig, die Meinung eines Außenstehenden zu hören. Da ich nur alle acht Tage eine Probe sehe, falle mir vielleicht das eine oder andere auf, was allen direkt Beteiligten entgehe, denn es könne sich so etwas wie eine Betriebsblindheit ergeben, wenn man Tag für Tag an einem Stück arbeite und nicht mehr den erforderlichen Abstand habe.

Zu Friederike ging ich einmal in der Woche. Sie sagte mir, wann ich kommen könne, denn sie war zwischen den Proben und den abendlichen Vorstellungen zusätzlich beschäftigt. Sie hatte an vielen Nachmittagen Termine beim Kinderfunk oder im Synchronstudio, um Geld zu verdienen. An den Nachmittagen, an denen ich sie sehen konnte, ging ich nicht in die Druckerei, um Zeitungen abzuholen, und Albert musste für mich den Vortag abrechnen.

Ich bemühte mich, Friederike stets etwas mitzubringen, aber meine arg begrenzten Finanzen machten das zu einem schwierigen Unternehmen. Ab und zu konnte ich ihr etwas aus der Vorratskammer von Fräulein Rothermund mitbringen, so überreichte ich ihr auch einmal ein kiloschweres Stück von dem *Christenverfolgungskäse*, worüber sie sich sehr freute, denn sie verdiente bei den Vaganten nur wenig. Doch auch ihr schmeckte der Käse nicht. In einer Drogerie kaufte ich für sie jenes Deodorant, das ich in ihrer Toilette gesehen hatte, und ich brachte ihr ab und zu ein Buch mit, einen Band mit neuerer Lyrik, da sie am liebsten Gedichte las.

Ein halbes Jahr später endete unsere Beziehung unvermittelt, sie warf mich aus ihrer Wohnung, und damit endeten auch meine Besuche der Abendproben in ihrem Theater. Es war meine Schuld, ich hatte eine Dummheit gemacht. Ich hatte einen Büstenhalter von ihr geklaut, den ich unter mein Kopfkissen legte, um ihn abends zu streicheln und besser einschlafen zu können. Friederike hatte mir vierzehn Tage danach den Diebstahl auf den Kopf zu gesagt, mein anfängliches Leugnen half nichts. Sie verlangte, dass ich ihr den BH am nächsten Tag zurückbrachte, was ich auch tat. Sie öffnete die Tür, nahm ihren Büstenhalter, ließ mich aber nicht eintreten.

»Es ist Schluss für uns, Daniel«, sagte sie zu mir, »du bist einfach noch zu klein und zu dumm. Leb wohl.«

Dann knallte sie die Wohnungstür zu, und ich stand im Hausflur und überlegte, ob ich noch einmal klingeln sollte, um mich zum dritten oder vierten Mal zu entschuldigen, aber sie war so zornig, dass mein Vergehen für sie nicht wiedergutzu-machen und der Abschied wohl endgültig war.

Einen ganzen Monat lang war ich niedergeschlagen und so bedrückt, dass ich mir im Gymnasium mehrere Vieren und sogar eine Fünf einfing. Ich wagte es auch nicht mehr, zu den Vaganten zu gehen, denn ich fürchtete, sie dort zu treffen. Ich konnte ihr nicht mehr vor die Augen treten.

Basti und Albert wollten wissen, was denn mit meiner Cousine sei, da ich nun wieder jeden Nachmittag die *Nachtdepesche* und den *Telegrafen* verkaufte, und ich erwiderte, sie sei leider umgezogen und wohne nicht mehr in Berlin.

Ich sah Friederike nie wieder, da ich auch die Vagantenbühne mied und nun häufiger ins Schillertheater ging, aber vergessen konnte ich sie nicht.

XIII Der Affenschwein-Tag

Im Internat hatte jeder von uns seine ganz speziellen Glückstage, seine »Affenschwein-Tage«, wie wir sie nannten.

Für Manker waren es die zwei Tage im Jahr, an denen er seine Fresspakete von daheim bekam. Manker verdankte seinen Spitznamen der Herkunft aus dem gleichnamigen Dorf, in dem seine Eltern einen Bauernhof besaßen. Nach kurzer Zeit konnte sich niemand mehr an seinen wirklichen Namen erinnern, und wenn einer der Lehrer seinen richtigen Namen nannte, wussten wir für einen Moment nicht, wer aufgerufen worden war.

Zweimal im Jahr schlachtete Mankers Vater, und eine Woche später kam dann ein schweres Paket, dessen Einpack-Papier bereits von Fett durchtränkt war. Wie es seinen Eltern gelang, die Lebensmittelpakete nach Westberlin zu schmuggeln, war für uns ein Rätsel, denn Fleisch, Wurst und Käse durften aus Ostdeutschland nicht ausgeführt werden, und sie wurden beschlagnahmt, wenn man sie bei einem Reisenden oder in einem Paket fand.

Das Auspacken seines Fresspakets gestaltete Manker zu einem Fest. Erst wenn alle Bewohner seines Zimmers im Raum waren, räumte er seinen Schreibtisch völlig leer, schnitt die Schnur des Pakets auf und öffnete es. Er öffnete die einzelnen Päckchen, besah sich den Inhalt, schnupperte daran und verkündete dann laut und vernehmlich, was es war: Schweinekoteletts, Bratwürste, Hackepeter, Geselchtes, Eisbein, Leberwurst. Anschließend packte er alles wieder in den Karton, um ihn in die

Küche zu bringen und ihn Gerda, einer unserer Köchinnen, zu geben.

Keiner von uns hat je auch nur ein Wurstzipfelchen von Manker abbekommen, er aß alles allein. Wir vermuteten, dass er einen Teil seines Schatzes Gerda gab, denn sie bereitete für ihn in den darauffolgenden Tagen immer eine Extraportion vor, und während wir den Internats-Fraß bekamen, erhielt er einen Teller mit einem duftenden Schnitzel oder einer leckeren Bratwurst.

Für Schrieni waren es Affenschwein-Tage, wenn er mit seinem Ostausweis für einen der Westberliner Schüler in Ostberlin begehrte Ware beschafft hatte. Bei ihm gab es feste Preise, jeder, der bei ihm etwas bestellte, hatte ihm fünfzehn Prozent des Kaufpreises in Westgeld zu bezahlen. Dafür unternahm er das Wagnis, teure Kameras und Musikinstrumente, die er für Ostgeld einkaufte, nach Westberlin zu bringen. Der Umtauschkurs der westdeutschen Mark gegenüber der ostdeutschen wechselte fast täglich und lag meistens zwischen eins zu vier und eins zu fünf.

Dieser Handel war für die Westberliner Schüler ein glänzendes Geschäft, und auch Schrieni kam auf seine Kosten. Seine Aktionen waren nicht ungefährlich, schließlich stand er gewiss so wie wir alle auf irgendeiner Fahndungsliste und riskierte eine Verhaftung oder Abschiebung in seine Heimatstadt.

Schrieni allerdings war unbesorgt, er wollte und brauchte das Geld. Die erworbenen Gitarren, Klarinetten und Fotoapparate steckte er stets in alte, abgeschabte Verpackungen – er hatte auf dem Flohmarkt mehrere zerschlissene Transporthüllen und Beutel gekauft, in denen er die Musikinstrumente und andere Schmuggelwaren über die Grenze brachte. Wenn einer der Schüler auf die originale Verpackung seiner Trompete oder Flöte

Wert legte, bestieg Schrieni das nächste Mal mit einem nagelneuen Instrumentenkoffer die S-Bahn nach Westberlin, in dem sich aber lediglich seine Schulhefte und sein Frühstück befanden. Er war sich völlig sicher, dass ihn die Polizei nicht schnappen würde, falls aber doch, er sich herausreden könnte, und blieb bei seinen waghalsigen Fahrten über die Grenze, da diese Aktionen ihm an einem einzigen Tag fünfzig bis hundert Mark einbrachten.

Seitdem einer der Westberliner aus der Oberprima ihn gefragt hatte, ob er es sich zutrauen würde, auch ein Klavier über die Grenze zu bringen, grübelte er Tag und Nacht, wie sich das anstellen ließe, jedenfalls ging er uns wie damals, als er über das perfekte Verbrechen fantasiert hatte, nach dem Beginn der Nachtruhe mit immer neuen und immer irrwitzigeren Plänen auf die Nerven.

Auch mich hatte einmal einer der Westberliner Mitschüler auf dem Schulhof angesprochen und gefragt, ob ich noch den Zonenausweis besitze und für ihn in Ostberlin eine Gitarre kaufen könne.

»Nur eine Gitarre? Warum nicht ein Klavier? Oder gleich einen Flügel?«

»Das wäre noch besser. Könntest du denn ein Klavier für mich kaufen?«

»Warum nicht? Du musst nur sagen: ein Klavier oder einen Flügel. Machbar ist alles.«

»Ein Klavier reicht aus. Wie schnell könntest du mir das denn besorgen?«

»Weiß nicht. Ich sage dir rechtzeitig Bescheid, wann du es dir am Alexanderplatz abholen kannst.«

»Abholen? Am Alexanderplatz? Nein, das geht nicht. Wie soll ich ein Klavier über die Grenze bringen?«

»Ja, und wie soll ich das schaffen? Ein Klavier passt nicht in einen S-Bahn-Waggon. Und ich wüsste auch nicht, was ich den Grenzpolizisten erzählen sollte, wenn sie von mir wissen wollen, wieso ich mit einem nagelneuen und nachweislich in Thüringen produzierten Klavier nach Westberlin reise. Junge, um die Wahrheit zu sagen, für dich würde ich nicht mal eine Blockflöte in den Westen schmuggeln. Ist mir viel zu gefährlich.«

»Das ist typisch für ein Arschloch aus der Russenzone.«

»Selber Arschloch.«

Mich sprach jedenfalls keiner mehr an, ihm etwas im Ostteil der Stadt zu beschaffen, und der Freund von Thüringer Klavieren würdigte mich keines Blickes mehr.

Für Friedl wiederum waren die Affenschwein-Tage jene, an denen er allein oder mit Hilfe von Kameraden mehr oder weniger einfallsreiche Streiche ausführen konnte. Er nahm gern andere auf den Arm oder wollte all jene ärgern, die ihn gekränkt hatten oder die er nicht leiden konnte.

Auf den *Schulpapst*, den Pfarrer Cognata, der uns in Religion unterrichtete, hatte er einen besonderen Rochus, seitdem der sich beim Direktor über ihn beschwert und sogar an den Internatsleiter Sybelius einen denunziatorischen Brief geschrieben hatte.

Friedl überredete eines Tages in einer Schulpause drei Mitschüler, das Goggomobil des ungeliebten *Schulpapsts*, das dieser in der Warmbrunner Straße geparkt hatte, zu viert anzuheben und auf den Bürgersteig zwischen einem Baum und einer Straßenlaterne abzustellen. Das Goggomobil passte genau in diese Lücke, Cognata hatte keine Chance, es herauszumanövrieren, er musste drei Männer finden, die mit ihm das Auto heraushoben.

Ein anderes Mal überredete Friedl zwei Klassenkameraden, mit ihm in eine Kneipe zu gehen. Als der Wirt an den Tisch kam und sich nach ihren Wünschen erkundigte, wandte er sich an die beiden Kameraden und fragte sie: »Menin aeide, thea?«

Darauf hatte der Mitschüler den Anfang der *Ilias* zu zitieren: »Menin aeide, thea, Peleïadeo Akhileos oulomenen, he myri' Akhaiois alge' etheken.«

Und der andere musste dann aus der *Odyssee* zitieren: »Andra moi ennepe, mousa, polytropon, hos mala polla planchthē, epei Troiēs hieron ptoliethron eperse.«

Friedl wandte sich dann an den Wirt und übersetzte ihm, dass der eine ein möglichst kaltes Bier aus einer deutschen Brauerei wünsche und sein Kamerad ein obergäriges Weizenbier.

Der Wirt schaute sie mit zusammengekniffenen Augen gelangweilt an. Er erwiderte nichts, schüttelte jedoch den Kopf und brachte, nach ein paar Minuten und noch immer kopfschüttelnd, die gewünschten Getränke, die er mit einer vermutlich polnischen Bemerkung vor sie auf den Tisch stellte.

Am Abend teilte uns Friedl dann stolz diese neueste Heldentat mit, wobei es ihn nicht störte, dass eigentlich alle im Zimmer derlei Unsinn für kindisch und witzlos hielten.

Meine großen Glückstage gab es nur zweimal im Jahr. In jedem Frühjahr und Herbst bekamen alle Internatsschüler einen Büchergutschein, der nicht für unsere Schulbücher bestimmt war, sondern mit denen wir uns Bücher nach unseren Vorlieben kaufen konnten. Von Sybelius bekam jeder ein abgestempeltes und unterschriebenes Papier, einen Gutschein über fünfzig Mark, der ausschließlich für den Ankauf von Büchern bestimmt war. Noch in derselben Woche ging ich in meine Lieblingsbuchhandlung, um den Gutschein einzulösen. Ich überreichte ihn dem Buchhändler, Herrn Frühbus, und begann mit der Auswahl der Bücher. Das dauerte den ganzen Nachmittag, da meine Buchwünsche umfänglich waren und ich das eine und andere Exemplar wieder ins Regal zurückstellen musste. Der Gutschein reichte nicht aus, und nicht einmal mit einem Scheck über dreihundert Mark hätte ich alle für mich wichtigen Bücher kaufen können.

Ab und zu war ich, um Bücher zu kaufen, auch nach Ostberlin gefahren, wo sie billiger waren und ich sie mit meinem Ostausweis und dem umgetauschten Geld eigentlich zu einem Viertel des Preises kaufte, aber in der großen Buchhandlung am Alexanderplatz gab es nur ein sehr eingeschränktes Angebot. Die für mich wichtigen Autoren waren dort kaum zu finden, und die reichlich vorhandenen Ausgaben der deutschen und der internationalen Klassiker interessierten mich in jenen Jahren wenig.

Bei Herrn Frühbus hatte ich am späten Nachmittag die zwei oder drei für mich allerwichtigsten Bücher auf seinen Tisch neben der Registrierkasse gelegt, doch dann kam die Qual der Wahl. Entscheidend war immer der Preis, und wenn eins der begehrten Bücher zu viel kostete, musste ich es schweren Herzens ins Regal zurückstellen. Ich bemühte mich, dass die Gesamtsumme fünfzig Mark nicht überstieg. Ich hatte dennoch immer drei oder vier Mark als Reserve dabei, um keinesfalls unter der ausgewiesenen Summe zu bleiben und dem Buchhändler einen nicht völlig ausgeschöpften Rest zu schenken.

Herr Frühbus, ein älterer Buchhändler, ließ mich in Ruhe aussuchen, er ahnte meinen Geldmangel, und da ich ihn nie mit Fragen belästigte, störte es ihn nicht, dass ich stundenlang durch die drei Räume lief und vor seinen Regalen stand.

Wenn ich fertig war und mich bei ihm meldete, lachte er anerkennend und tippte die Preise der ausgesuchten Bücher in seine alte Registrierkasse, und ich konnte mich mit meinen Schätzen, für die ich extra die ansonsten nie genutzte Schultasche aus dem Kofferabstellraum geholt hatte, auf den Heimweg machen.

In meinem Zimmer im Internat packte ich die neuen Bücher aus, stellte sie auf meinen Schreibtisch und nahm jedes noch einmal in die Hand, um darin zu blättern und zu entscheiden, welches von ihnen ich zuerst lesen würde. Ich war sehr glücklich, so glücklich, dass ich an allen meinen Affenschwein-Tagen abends nur schwer einschlafen konnte.

XIV CäLaGro

In meinem dritten Jahr auf dem Gymnasium – ich war in der Untersekunda – gab es für David und mich eine heftige Veränderung. Mein Vater war zum Leiter der kirchlichen Jugendarbeit für ganz Ostdeutschland berufen worden. Die Familie zog daher nach Ostberlin, wo sich seine neue Dienststelle befand.

Für die Großeltern, die Eltern meiner Mutter, die bislang im Erdgeschoss unseres Hauses in Guldenberg gewohnt hatten, bemühte sich Vater um eine weitere Wohnung in Berlin, und im November konnten die beiden ebenfalls in eine Wohnung im Bezirk Friedrichshain einziehen.

Meine Eltern hatten in der Bänschstraße eine Wohnung im Erdgeschoss eines Mietshauses bekommen, und zwei Tage nach ihrem Einzug kamen wir mit all unseren Sachen aus dem Internat. David und ich lebten nun wieder mit der Familie zusammen. Wir hatten uns von Herrn Sybelius und Fräulein Rothermund verabschiedet, die wir wohl kaum noch einmal sehen würden. Und wir sagten auch den drei Adjunkten Lebewohl, wenn ich auch zu Faro sagte, ich würde mich bald wieder bei ihm sehen lassen.

Die Eltern und die jüngeren Geschwister hatten bereits ihre Zimmer bezogen, für David und mich war der Raum gleich hinter der Eingangstür vorgesehen, ein größeres Zimmer mit zwei Fenstern zu dem kleinen Hinterhof. In diesem Zimmer standen zwei Betten, ein Schrank und zwei kleinere Schreibtische. David und ich vereinbarten, dass wir uns noch ein Bücherregal besorgen und aufstellen würden, und dass darin jeder die gleiche Anzahl von Fächern haben würde.

Ich musste nun nicht mehr in dem Sechs-Mann-Zimmer schlafen, in das ich ein Jahr zuvor umgezogen war, ich wohnte nun in einem Zimmer für zwei, was im Internat den Primanern vorbehalten war, aber leider war ich nun nicht mehr mit Gleichaltrigen zusammen, mit denen ich gemeinsam lernen konnte und die gleiche oder ähnliche Interessen hatten, sondern mit dem zwei Jahre älteren Bruder, der an Gesprächen mit mir völlig uninteressiert war und es fertigbrachte, in unserem Zimmer zu sitzen und stundenlang kein Wort zu sagen. Beim gemeinsamen Einrichten des Zimmers und den notwendigen Absprachen über die Aufteilung des Schranks erinnerte ich mich an meinen ersten Tag im Internat, an dem er mir klargemacht hatte, es sei Abstand zwischen uns angesagt.

Nun mussten wir jeden Morgen eine Dreiviertelstunde eher aufstehen. Nach dem Frühstück liefen wir zum Bahnhof Zentralviehhof und fuhren von dort aus mit der S-Bahn bis zum Hohenzollerndamm, wo zweihundert Meter entfernt unser Gymnasium lag.

Am Bahnhof Prenzlauer Allee stiegen Polizisten in jeden Waggon, um die Fahrgäste zu kontrollieren. Sie achteten vor allem auf das mitgeführte Gepäck. Wenn Leute ein größeres Gepäckstück bei sich trugen oder gar einen Koffer, wurde ihr Personalausweis einbehalten, und sie wurden aufgefordert, an der nächsten Station zu einer Kontrolle auszusteigen.

Ich hatte wegen der längeren S-Bahn-Fahrt die Schulsachen erstmals wieder in meine kaum genutzte Schulmappe gesteckt, doch nachdem ich zweimal für eine Kontrolle von den Polizisten aus dem Zug geholt worden war und an diesen Tagen verspätet im Gymnasium erschienen war, transportierte ich die Bücher und Hefte wieder mit einem Gürtel, so dass die Grenzpolizisten auf den ersten Blick sehen konnten, was ich mit mir führte.

Auf dem Heimweg wurden wir nochmals kontrolliert. Die Polizisten stiegen am Bahnhof Schönhauser Allee ein und liefen langsam durch die Reihen, die Augen wieder wachsam und misstrauisch auf die Gepäckstücke gerichtet. Vor allem Zeitungen und Drucksachen erregten ihre Aufmerksamkeit, und auf der Fahrt von Westberlin nach Ostberlin wurden selbst meine Schulbücher mehrfach kontrolliert.

Da ich nun bei den Eltern in Ostberlin wohnte, musste ich den Zeitungsverkauf aufgeben. Ich konnte nicht zum Mittagessen in der Bänschstraße sein und dann rechtzeitig in der Druckerei erscheinen, um die Zeitungsbündel entgegenzunehmen. Ich ging daher eine Woche nach meinem Umzug nach Ostberlin ein letztes Mal zu der Druckerei, um mir von diesem einfältigen und selbstgerechten Herrn Marquardt die eingezahlte Kaution zurückgeben zu lassen.

Ein zweites Mal am Tag fuhr ich nur über die Sektorengrenze, wenn unsere Theatergruppe in der Schule eine Probe hatte oder wir in einer meiner Disziplinen bei einem Sportturnier anzutreten hatten: Handball und Schwimmen. Und ich fuhr auch zweimal am selben Tag rüber, wenn ich mir mit meinen Klassenkameraden einen hochgelobten Film ansehen oder mit ihnen ins Theater gehen wollte.

Bald darauf fragte mich mein Vater, ob ich es wagen würde, für ihn jeden Tag eine der Westberliner Zeitungen über die Grenze zu schmuggeln, denn er wollte wissen, was die andere Seite zu den Ereignissen in der Welt zu vermelden habe. Einige dieser Zeitungen konnte man mit einem Ostausweis für Ostgeld abonnieren, und ich sagte zu meinem Vater, das sei überhaupt kein Problem, denn wenn ich erwischt werden sollte, drohe allein eine Beschlagnahmung der Zeitung. Er gab mir Geld und ich bezahlte in der Abo-Zentrale ein halbjähriges Abonnement des *Tagesspiegels*.

Die Zeitung konnte ich mir frühmorgens an jedem Schultag am Kiosk im Bahnhof Hohenzollerndamm abholen. Am Ende des Unterrichts ging ich auf die Toilette, zog mich halb aus, wickelte mir die Zeitung um den Körper und zog dann das Oberhemd und den Pullover darüber. In der ganzen Zeit, in der ich an jedem Schultag eine Westzeitung in den Osten schmuggelte, wurde ich nie erwischt. Vater konnte an jedem Werktag seine Zeitung bekommen, wenn sie auch immer etwas zerknittert war und, wie er meinte, nach meinem Schweiß duftete.

Kurz vor Beginn der Weihnachtsferien fragte mich Albert, ob ich Zeit und Lust hätte, mit ihm bei seinem Onkel zu arbeiten. Der besitze in der Müllerstraße im Wedding einen Großhandel für Wein und Spirituosen und benötige zum Jahreswechsel immer Hilfskräfte, da seine Firma CäLaGro in dieser Zeit einen größeren Umsatz mache als in den übrigen Monaten des Jahres.

»CäLaGro? Was bedeutet das?«, erkundigte ich mich.

»Eine Abkürzung. Das Gro steht für Großhandel, und CäLa steht für seinen Namen. Er heißt nämlich Cäsar Ladtsch.«

»Cäsar? Er heißt tatsächlich Cäsar? Ist ja irre. Wie kann man ein Kind Cäsar nennen?«

»Sein Vater hatte eine Kohlenhandlung und fand diesen Namen passend für seinen Sohn.«

»Verrückt. Mit so einem Namen hatte er es in der Schule sicher nicht leicht.«

»Sicher. Aber wie ist es, willst du mitkommen? Die Arbeit bei ihm ist nicht schwer, und in einem Getränkegroßhandel besteht keine Gefahr zu verdursten«, meinte er und lachte laut auf.

Ich war einverstanden und war am ersten Ferientag um acht Uhr auf dem großen Hof von CäLaGro. Albert hatte auf mich gewartet, und wir gingen zusammen in das Büro im Erdgeschoss, wo Cäsar Ladtsch hinter einem gewaltigen Schreibtisch thronte. Er war ein alter und sehr beleibter Mann.

Wir begrüßten ihn, er nickte und tätschelte Albert den Kopf. Dann sah er mich an und sagte: »Euch nehme ich. Pfarrerskinder sind ehrlich, die bescheißen einen nicht.«

Wir nickten beide zustimmend.

»Ihr geht in den Keller und füllt Wein ab. Friedhelm wird euch einweisen. Albert, du kennst ihn ja.«

Bevor wir sein Büro verließen, wies Albert mich auf einen Ausschnitt aus der BILD-Zeitung hin, der gerahmt an der Wand hinter seinem Schreibtisch hing. Unter der Überschrift *Cäsar's Schlacht* war ein Foto von Cäsar Ladtsch vor einem seiner riesigen Weinfässer abgedruckt und ein Bericht über ihn. Zwei Banditen hätten ihn nach Feierabend, als alle Angestellten des Großhandels bereits gegangen waren, in seinem Büro überfallen. Cäsar Ladtsch habe jedoch kein Geld herausgerückt, sondern die beiden Gangster entwaffnet, dann zusammengeschlagen, gefesselt und sie samt dem sichergestellten Revolver der Polizei übergeben.

Cäsar Ladtsch lächelte zufrieden, während ich den Artikel über ihn las.

»Kann ich noch immer«, sagte er selbstbewusst und mit einem abfälligen Lächeln, »selbst wenn die Banditen zu dritt oder zu viert bei mir auftauchen.«

Der Keller des Großhandels bestand aus sechs riesigen Räumen, die nur durch große Rundbögen getrennt waren. Überall standen Fässer und Bottiche mit einem Durchmesser von zwei bis vier Metern auf dem gestampften Lehmboden. Der Angestelltе, den wir Friedhelm nennen sollten, brachte uns zu einem der größeren Bottiche, der voll mit Rotwein war. Friedhelm zeigte uns, wie wir den Wein in die Flaschen zu füllen und dann an der Korkmaschine zu verkorken hatten.

Ich war erstaunt, dass es für das Abfüllen keine Maschine gab, aber bei Cäsar Ladtsch war alles noch Handarbeit. Wir sollten nach einer Flasche greifen, den Gummischlauch so lange in den Flaschenhals stecken, bis diese gefüllt war, und dann an der Korkmaschine den Hebel runterdrücken, wodurch ein Korken in die Flasche gepresst wurde. Danach stapelten wir die Flaschen auf einen Wagen, den Friedhelm mit einer Transportlore abholte, sobald er ausreichend gefüllt war, um sie zu einem der anderen Kellerräume zu transportieren, wo sie etikettiert wurden. Wir hatten bis zum Abend Hunderte von Flaschen abzufüllen, eine monotone und stumpfsinnige Arbeit.

Da wir den ganzen Tag an dem offenen Weinbottich standen, waren wir nach ein paar Stunden allein von dem Weindunst so benebelt, als hätten wir ein paar Gläser getrunken. Ich hatte aber nur einmal von dem Wein gekostet, er schmeckte sauer, es war vermutlich ein sehr billiger Wein.

Am Abend nahm sich Albert eine Flasche von einem der Regale mit den Schnäpsen, steckte sie in eine Tasche und nickte mir aufmunternd zu. Ich nahm eine Aquavit-Flasche und verbarg sie in der inneren Jackentasche, ich wollte sie meinem Großvater mitbringen, der diesen Kümmelschnaps schätzte.

Bei der Heimfahrt machte mich Albert darauf aufmerksam, dass die anderen Passagiere uns mit Abscheu oder Mitleid ansahen und bemüht waren, von uns abzurücken.

»Wir stinken«, meinte er, »wir stinken wie die Schnapsdrosseln, auch wenn wir keinen Tropfen getrunken haben.«

Daheim war Mutter über mich entsetzt, auch sie glaubte zunächst, dass ich betrunken sei, da ich derartig nach Alkohol stank. Ich klärte sie auf, und sie verlangte, ich müsse mich sofort umziehen und Jacke, Hose und Hemd zum Auslüften auf den Hof hängen. Am nächsten Morgen hatte ich ein ausrangiertes Hemd und eine alte Hose als Arbeitsbekleidung zu CäLaGro mitzunehmen.

Am nächsten Tag ging Albert mit mir ins Labor des Großhandels. Das Labor war ein großer Raum mit Regalen an allen Wänden, in denen unzählige große und kleine Flaschen standen. In diesem Raum arbeitete nur eine Person, der Herr Spiering, ein älterer Mann, der einst Chemie studiert hatte und nun für CäLaGro Spirituosen mixte. Von seinen Mixturen hatten, wie mir Albert sagte, fünf einen so großen Erfolg, dass sie in ganz Berlin erfolgreich verkauft wurden und für seinen Onkel Cäsar einen beachtlichen Gewinn einspielten, so dass er von Spiering immer neue Kreationen erwartete.

Die Namensgebung für Spierings Schnäpse hatte sich Cäsar Ladtsch vorbehalten, weil nur er, wie er meinte, wusste, was sein Publikum liebt und schätzt. Und der Erfolg seiner kleinen Flaschen gab ihm recht: *Rachenputzer* hieß einer, andere *Kurzer* und *Lötwasser*, ein beliebter Kräuterlikör hatte den Namen *Seelenwärmer* bekommen.

Herr Spiering hatte uns nur kurz zugenickt und sich dann mit schmalen Reagenzgläsern in jeder Hand über den meterlangen Holzständer mit den Probegläsern gebeugt, dem »Eprouvetten-Regal«, wie er es nannte. In dem Labor hing nicht der schwere Weingeruch, hier roch es süßlich und aromatisch, aber der Duft war mir unangenehm, und nachdem wir das Labor verlassen hatten, musste ich an der frischen Luft erst einmal tief durchatmen.

Am Abend packten wir uns wieder jeder heimlich eine

Schnapsflasche in den Anorak. Ich nahm erneut einen Aquavit mit, diesmal einen französischen. Großvater ahnte sicherlich, dass ich seinen Schnaps nicht bezahlte, zumal ich ihm die Flasche heimlich und rasch zusteckte, aber er nahm es gelassen und erfreut hin und meinte lediglich, man solle dem Ochsen, der da drischt, nicht das Maul verbinden.

Herr Ladtsch hatte uns gesagt, dass er uns bis zum Jahresende brauche und dass Silvester noch ein Großkampftag werde, an dem er bis zum späten Nachmittag Spirituosen und Wein ausliefern müsse. Der Jahreswechsel sei für ihn die Hauptgeschäftszeit.

»Von Weihnachten bis Silvester ist Schluckzeit in Berlin«, erklärte er uns.

Am zweiten Weihnachtsfeiertag fuhr ich ins Internat, um Basti zu besuchen. Er hatte mir erzählt, dass seine Eltern Heiligabend oder am ersten Feiertag nach Berlin kommen würden, um ihn zu treffen, da wollte ich nicht stören.

Ich überreichte Basti als Weihnachtsgeschenk eine Flasche Scotch Whisky aus den CäLaGro-Beständen. Basti dankte und fragte erstaunt, wieso ich keinen Ostschnaps gekauft habe, dieser Whisky sei doch viel zu teuer, und ich erklärte lediglich, ich hätte ihn sehr preiswert bekommen.

Er lud mich ins Kino ein. Es gebe gerade eine Woche mit Filmen von Murnau, und an diesem Tag laufe *Nosferatu – Eine Symphonie des Grauens*. Wir hatten den Film schon gesehen, Basti sogar schon zwei Mal, doch er wollte ihn sich unbedingt noch ein drittes Mal anschauen, der Film sei einfach ein Ereignis. Dass die Vorstellung schon um achtzehn Uhr beginnen sollte, war mir recht, denn ich wollte keinesfalls zu spät zu Hause sein, da ich am nächsten Morgen um sieben auf dem Hof von Cäsar Ladtsch stehen musste.

Zwei Tage nach den Weihnachtsfeiertagen wurden drei Weinfässer für CäLaGro angeliefert, zwei Fässer mit zweihundertfünfzig Litern und ein Vierhunderter-Fass. Herr Ladtsch war auf den Hof gekommen, um das Abladen zu überwachen, er hatte vier seiner Angestellten mitgebracht.

Der Laster hatte einen Hebearm, mit dessen Hilfe der Fahrer die Fässer von seinem Fahrzeug herunterholte. Dann wurden sie über den Hof zu der großen Kellerluke gerollt, die ins Untergeschoss führte. Für den Transport in die Kelleretage waren an der Luke schwere Holzbohlen angebracht, die Fässer wurden über diese Balken in die Tiefe gelassen, wofür vier Männer gebraucht wurden, die von unten und oben das Fass hielten, um es langsam hinabzulassen.

Die kleineren Fässer waren sehr rasch ins Souterrain gebracht und von Lädtschs Angestellten im hinteren Kellerraum aufgestellt worden. Als die Männer mit Hilfe von Gurten das Vierhunderter-Fass hinabließen, verrutschte plötzlich eine der Holzbohlen in der Kellerluke, der Balken krachte gegen die Wand, das schwere Fass knallte dröhnend auf den Fußboden und zersprang, und im gleichen Moment standen wir alle knöcheltief im Wein.

Herr Ladtsch fluchte kurz auf und riss dann mit einer Geschwindigkeit, die ich dem beleibten Mann nicht zugetraut hätte, eine Art Feuerwehrschlauch von der Wand, zog einen der Hebel an der Wand herunter und befahl uns, das andere Ende des zwanzig Zentimeter dicken Feuerwehrschlauchs in das nächststehende leere Fass zu halten. Der Wein wurde vom Lehmboden aufgesaugt und kam sprudelnd in dem neuen Fass an, an dem Albert und ich standen, um den Schlauch festzuhalten. Nach wenigen Minuten war der Wein fast vollständig aufgesaugt. Der Chef ging noch in eine der Ecken, um einen letzten Rest zu bergen, dann schaltete er den Motor ab und hängte den Schlauch an die Wand zurück. Er kam zu uns und betrachtete den Inhalt des Fasses.

»Das sind dreihundert, dreihundertzwanzig Liter. Achtzig bis hundert Liter sind verloren. Ein dickes Minus«, sagte er.

»Was werden Sie mit diesem Wein machen? Da ist ja aller möglicher Dreck drin«, erkundigte ich mich.

»Ach was«, meinte er und schüttelte den Kopf, »der läuft zweimal durch einen Filter und dann wird er abgefüllt. Dann sind dort keinerlei Ratten oder Schaben mehr drin. Dann ist der Wein so sauber und rein wie seit der Weinlese nicht mehr. Biologisch sauber wie ein Kinderfurz. Ich werde auf dem Etikett vermerken, dass es eine Kelleredition ist. Dann habe ich meine Aufklärungspflicht ausreichend erfüllt, das ist dann sozusagen wie amtsärztlich. Und da dieser Wein etwas Besonderes ist, verkaufe ich ihn pro Flasche eine Mark teurer. Dann habe ich meinen Verlust wettgemacht. Bist du einverstanden, Friedhelm?«

»Ganz, wie Sie meinen, Chef.«

»Und auf dem Etikett vermerken wir noch: mit dem leicht herben Duft provenzalischen Lehmbodens. Es ist doch französischer, oder?«

»Nein, Chef, italienischer. Sie werden sich erinnern: Sie hatten vor acht Wochen die Bestellung storniert, weil wir das Vierhunderter drei Prozent billiger aus der Provinz Grosseto angeboten bekamen.«

»Nun gut, Friedhelm, dann sag ich ihnen, sie sollen auf das Etikett schreiben: mit dem Duft des toskanischen Pinienlehmbodens. Wir wollen ja sauber bleiben und unseren Kunden nicht italienischen Fusel als französischen verkaufen.«

Er sagte es, ohne zu lächeln, so dass ich wusste, er würde das genau so machen.

Am Abend gab ich Großvater seinen Aquavit. Er lächelte und stellte die Flasche auf das Fensterbrett.

»Da hast du ja eine schöne Beschäftigung gefunden, Daniel«, meinte er, »besser als arbeiten müssen, nicht wahr.«

Ich erzählte ihm von dem geplatzten Weinfass und wie dieser Cäsar Ladtsch mit einem Feuerwehrschlauch den Wein vom dreckigen Lehmboden aufgesaugt hatte.

»Stell dir vor, er wird diesen verdreckten Wein verkaufen.«

»Beim Wein wird viel gepanscht, Junge. Das war schon immer so, und darum ziehe ich einen Klaren vor.«

Silvester arbeiteten alle bis vier Uhr nachmittags. Die Lkw-Fahrer bekamen um diese Zeit ihre letzte Ladung, sie hatten ein, zwei Stunden länger zu tun. Cäsar Ladtsch fragte uns, ob wir Montag, am zweiten Januar, wiederkommen wollten, und wir versprachen es ihm. Er gab jedem von uns zur Feier des Tages eine kleine Flasche Sekt.

»Steckt sie in die Tasche, Jungs, dass euch keiner mit dem Alkohol sieht. Ihr seid ja noch minderjährig.«

Wir nickten und machten uns auf den Heimweg. Die Sektflaschen hatten wir auf dem CäLaGro-Hof nicht einstecken können. In jeder der vier Hosen- und sechs Jackentaschen steckte bereits eine Flasche, und die hatten wir an diesem Tag sorgfältig ausgewählt. Bei jeder weiteren würde beim Einstecken ein verräterisches Klirren nicht zu vermeiden sein. Wir waren derart mit Schnaps beladen, dass ich sogar meine Bahnlektüre herausgenommen hatte und sie in der Hand hielt. Fast alle Flaschen in meinen Taschen waren verschiedene Aquavite, die besten der Besten, und Großvater, wusste ich, würde an diesem Abend sehr zufrieden sein.

Vor dem Bahnhof saßen zwei Männer auf den Eingangsstufen. Sie versperrten den Zugang und forderten uns schroff auf, ihnen eine Mark zu geben. »Rüberzureichen«, sagten sie. Zu ihrer Überraschung schenkten wir jedem von ihnen ein Fläschchen Billigsekt, welches sie zufrieden und verblüfft annahmen, daraufhin zogen sie ihre Beine ein wenig zurück, so dass wir weitergehen konnten.

In der U-Bahn mieden die Passagiere unsere Nähe, denn unsere Haare stanken nach Fusel und billigem Wein. Als wir uns gegenseitig unsere eingesteckten Schätze zeigten, rief ein Mann in dem Waggon: »Arbeiten können sie nicht, aber saufen.«

»Wir kommen gerade von der Arbeit«, widersprach ich ihm.

»Von der Arbeit, ha, ha! Was das für eine Arbeit ist, riecht man bis hierher! Dieses Gesocks hat noch nie einen Finger krumm gemacht! Lebt auf unsere Kosten!«

»Lass ihn«, mahnte mich Albert leise, »Ärger können wir jetzt nicht gebrauchen, so beladen, wie wir sind.«

Am zweiten Januar stand ich mit Albert wieder an dem Rotweinbottich. Der Weindunst war trotz intensiven Lüftens noch immer sehr heftig, die hundert versickerten Liter machten Albert und mich fast betrunken. Als ich am Abend einen fragenden Blick auf die Regale mit den Schnäpsen warf, schüttelte Albert den Kopf.

»Silvester haben wir es übertrieben, Daniel. Wir wollen Onkel Cäsar nicht misstrauisch machen.«

Als wir den CäLaGro-Hof verlassen wollten, stand der Chef am Hoftor und winkte uns zu sich. Er schlug mit der Hand mehrmals leicht gegen unsere Anoraks und forderte uns dann auf, die Mäntel zu öffnen.

»Kinder, ich muss wissen, ob ihr mich beklaut. Habt ihr euch eine meiner Flaschen eingesteckt?«

»Aber Onkel, so etwas machen wir nicht«, sagte Albert und tat hell empört.

»Schon gut, das dachte ich mir schon. Aber irgendeine diebische Elster habe ich in der Firma. Wenn ich den Kerl erwische, den übergebe ich nicht der Polizei. Das erledige ich hier auf meinem Hof mit einer Dachlatte. Selbst dann, wenn mich hinterher irgendein idiotisches Gericht dazu verurteilt, dem Banditen lebenslang und Monat für Monat zweihundert Mark Krüppelrente zu zahlen. Das werde ich liebend gern bezahlen, wird mir jeden Monat ein Festtag sein.«

Wir machten uns schweigend auf den Heimweg, sehr nachdenklich und bedrückt.

Nach ein paar Minuten grinste ich und sagte zu Albert: »Da haben wir noch einmal Schwein gehabt. Denn mit Cäsar Ladtschs Dachlatten möchte ich keine Bekanntschaft machen.«

»Ja«, meinte er, »und in den nächsten Tagen werden wir uns lieber kein Fläschchen mehr einstecken.«

Ich nickte. Die überraschende Kontrolle war mir in die Knochen gefahren, und ich dachte mit Schrecken an den Bericht der BILD-Zeitung über *Cäsar's Schlacht*.

Ostern wurden alle in meiner Klasse versetzt, nun waren wir Obersekunda und hatten noch drei Jahre vor uns. David war Oberprima und würde in einem Jahr sein Abitur machen und dann an einer Technischen Universität studieren. Er hatte sich für den Flugzeugbau entschieden und wollte sich in Berlin und in Stuttgart um einen Studienplatz bewerben.

Die täglichen Fahrten zum Gymnasium wurden durch die ständigen Kontrollen am Sektorenübergang beschwerlich, aber David und ich hatten gelernt, wie man für die Grenzbeamten unauffällig blieb. Diese hatten einen Blick für versteckte Päckchen, die jemand unter seiner Kleidung trug. Bei den Reisenden nach Westberlin hatten sie den Schmuggel von Lebensmitteln wie Fleisch und Eier zu unterbinden, mit denen sich die Leute aus der Provinz Westgeld verschaffen wollten, und bei den Zurückkehrenden wollten sie die Einfuhr verbotener Waren verhindern und musterten die Fahrgäste auf ihrer Suche nach Büchern und anderen Druckerzeugnissen.

Im April begannen wir in der Theatergruppe mit den Vorbereitungen für die nächste Inszenierung, was mit einer gemeinsamen Suche nach dem für uns geeigneten Stück begann. Ich hatte all meinen Mut zusammengenommen und Herrn Tomaschewski mein neuestes Theaterstück gegeben, das ich im Februar beendet hatte. Drei Tage später bat er mich, nach dem Unterricht ins Lehrerzimmer zu kommen, er habe mit mir zu reden. Als ich anklopfte und die Tür öffnete, kam er mir entgegen und sagte, wir würden zusammen in ein Café gehen, er habe mir einiges zu sagen.

Im Café am Flinsberger Platz bedankte er sich für das Vertrauen, ihm mein Stück zu zeigen, aber dann sagte er mir, was in meinem Stück alles nicht stimmig sei. Die Figuren wirkten nicht lebendig, die Komödie sei zwar witzig geschrieben, aber ihr fehle der Humor, was ein Mangel sei, der sich mit der Zeit beheben würde. Um Humor zu haben, brauche man Lebenserfahrung und die Gelassenheit, auch Schwierigkeiten und Widrigkeiten des Lebens hinzunehmen und zu akzeptieren. Dafür sei man mit siebzehn, achtzehn noch zu jung.

»Und noch etwas, Daniel, etwas sehr Entscheidendes«, sagte er, wobei er die Stimme hob, »selbst wenn mir dein Stück gefallen hätte, wenn ich es für großartig oder gar genial halten würde, auch dann wäre es für uns ungeeignet. Unsere Theatergruppe hat zwölf feste Mitglieder, ein paar kommen gelegentlich noch dazu, da brauche ich ein Stück mit vielen, mit sehr vielen Rollen, damit alle was zu tun haben. In deinem Stück gibt es vier Rollen, eigentlich nur drei, denn das Mädchen hat bloß einen winzigen Auftritt. Bei einem solchen Stück könnten die meisten nicht mitmachen, sie würden nicht mehr zur Probe kommen müssen und bald darauf würde es an unserem Gymnasium keinen Theaterzirkel mehr geben. Wir brauchen eine Komödie, die alle interessiert und überdies ausreichend Rollen für die gesamte Gruppe hat, nicht nur vier wie in deinem Stück. Verstehst du das?«

Ich nickte, konnte aber nichts erwidern. Er hatte sich eine Stunde für mich Zeit genommen und war sehr freundlich, aber seine Absage deprimierte mich für einige Tage.

Statt für ein Stück von mir entschied sich die Gruppe schließlich für die Posse eines deutschen Klassikers. Herr Tomaschewski hatte einen uralten Schwank von Goethe vorgeschlagen, *Das Jahrmarktsfest zu Plundersweilern*, und wir waren auch diesmal seiner Empfehlung gefolgt. Das Stück hatte den für unsere Theatertruppe entscheidenden Vorteil, dass es fast dreißig einigermaßen gleich große Rollen gab, so dass alle beschäftigt werden konnten, ohne dass der eine oder die andere überfordert wurden. Bis zu den Sommerferien machten wir uns mit dem Text vertraut, fertigten Analysen an, sprachen die einzelnen Rollen durch und legten schließlich – und das war für uns alle im Vorfeld das Wichtigste – die endgültige Besetzung fest.

Die Proben sollten im September beginnen, die Premiere im Januar, spätestens Anfang Februar, stattfinden, um allen ausreichend Zeit für die Jahresabschlussprüfungen zu geben. Ich war nur für zwei sehr kleine Rollen vorgesehen, da Tomaschewski, der wieder die Regie führen sollte, mich gebeten hatte, die Regieassistenz zu übernehmen.

Ende Mai begannen die Abschlussprüfungen. Am sechsten Juni, einem Dienstag, war die für uns alle schwerste Prüfung: Griechisch schriftlich, und direkt danach ging ich mit den Bewohnern des Schrankzimmers – natürlich mit Ausnahme von Siegbert, dem wir nichts gesagt hatten – in ein Café am Hohenzollerndamm, um uns dort einen Cognac zu genehmigen. In dem Café saß Friederike mit einer Frau. Ich ging zu ihr, um sie zu begrüßen. Sie sah mich an und schien über unsere Begegnung nicht erfreut zu sein.

»Na, klaust du immer noch BHs?«, fragte sie kühl.

»Tut mir leid. Ich hatte mich entschuldigt.«

Sie drehte sich zu der anderen Frau um und ließ mich einfach stehen, und ich ging zu dem Tisch, an den sich meine Schulfreunde gesetzt hatten.

»Wer ist denn das, mit der du gesprochen hast?«, erkundigte sich Helmuth. »Eine schöne Frau.«

»Eine Bekannte«, sagte ich, »sie ist Schauspielerin an der Vagantenbühne.«

»Ist das deine Cousine? Die, bei der du manchmal übernachtet hast?«, fragte Albert und grinste.

»Nein«, erwiderte ich, »sie ist nur eine Bekannte.«

Ende Juni begannen die Sommerferien. Einige aus dem Internat fuhren zurück in den Osten zu ihren Eltern, andere, die sich nicht mehr in Ostdeutschland sehen lassen durften, flogen mit dem Billigtarif des Senats für nur dreißig Mark nach Hannover und von dort aus mit dem Zug zu ihren Verwandten oder zu Freunden. Basti und ein paar Internatsbewohner mussten für die nächsten zwei Monate bei Verwandten in Westberlin unterkommen, denn das Internat wurde während der Sommerferien geschlossen, damit die Heimleitung und alle Angestellten, die monatelang an allen sieben Wochentagen Dienst hatten, auf ihre freien Tage kamen.

Ich verabschiedete mich von Basti, ich wollte ein paar Wochen an der Ostsee verbringen und dann für ein oder zwei Tage Dresden und Leipzig besuchen, um mir dort die Museen anzuschauen. Und gewiss würde ich daheim von den Eltern das eine und andere zu tun bekommen.

XV Fulbricht riegelt ab

Am zwanzigsten Juli fuhr ich nach Hiddensee, mit einem kleinen Rucksack, in den ich alles hineingestopft hatte, was ich
für vierzehn Tage benötigte. Vor Tau und Tag war ich mit der
Bahn und einem Bus bis Schaprode gefahren, um dort mit einer
der ersten Fähren nach Kloster überzusetzen. Da ich kein Quartier auf Hiddensee hatte und nicht wusste, ob ich an diesem Tag
eins finden würde, müsste ich möglicherweise am Abend die
Insel wieder verlassen und war deshalb so früh aufgebrochen.
Ich hatte gehört, dass Zelten auf der Insel verboten sei und
selbst ein einfaches Kampieren am Strand oder auf der Heide
bestraft werde. Die Inselpolizei, hatte man mir erzählt, würde
jeden Abend alles nach Leuten absuchen, die im Freien übernachten wollten.

Am späten Vormittag betrat ich die Insel, kaufte mir im Hafen zwei Fischbrötchen und lief dann am Museum vorbei zum
Strand von Kloster. Gegen vier Uhr wanderte ich zum Hafen
zurück, wobei ich mehrere Leute, die für mich wie Einheimi-
sche aussahen, ansprach und sie nach einer Unterkunft fragte.
Alle schüttelten nur den Kopf und einer lachte laut auf und sagte: »Du wirst eher einen Sechser im Lotto bekommen als hier
ein Quartier.«

Am Hafen schaute ich mir zum dritten Mal die Abfahrts-
zeiten der Fähren an, die letzte fuhr bereits in zwei Stunden.
Ich kaufte mir noch ein Fischbrötchen und suchte einen freien
Platz auf einer der wenigen Bänke. Zwei junge Leute, sie waren

in meinem Alter, fragte ich, ob ich mich zu ihnen setzen dürfe, sie nickten. Ich aß mein Brötchen und holte dann meine Zigaretten raus. Als ich eine entzündet hatte, schauten die beiden zu mir.

»Hast du auch eine Kippe für uns?«

»Bitte«, sagte ich und reichte ihnen die Schachtel.

»Danke. Kannst du uns auch Feuer geben?«

Ich lachte, reichte ihnen mein Feuerzeug und sagte sehr freundlich: »Aber rauchen könnt ihr allein, oder?«

Sie wollten wissen, woher ich komme, und ich erzählte ihnen, dass ich in Berlin wohne und aufs Gymnasium gehe.

»Du meinst Oberschule?«

»Nein, das ist ein Gymnasium. So heißen die Oberschulen in Westberlin.«

»Ach so, du bist Westberliner?«

»Nein, ich wohne im Ostteil der Stadt. Ich bin DDR-Bürger, gehe aber in Westberlin zur Schule.«

Ich musste ihnen erklären, dass Berlin anders war als der Rest der Republik, da die vier Siegermächte für ganz Berlin zuständig seien und dort daher andere Bestimmungen galten. Ich fragte die beiden, was sie machten, und sie erwiderten, dass sie Lehrlinge seien, Karl lernte bei seinem Vater, der der Inselbäcker sei, der andere – Karl hatte ihn mit Frieder angeredet – lernte Schlosser in Stralsund.

»Und du fährst jeden Morgen mit der Fähre nach Stralsund?«

»Nein, das geht nicht, da wäre ich erst um zehn in der Schlosserei und abends nicht vor neun zurück. Von Montag bis Samstag wohne ich dort im Lehrlingswohnheim.«

Ich fragte sie, ob sie mir nicht zu einem Quartier verhelfen könnten.

»Irgendeins«, sagte ich, »irgendeine Bude.«

Die beiden lachten nicht auf und schüttelten auch nicht den Kopf. Dann sagte Karl, es gebe vielleicht eine Möglichkeit.

»Aber nur vielleicht.«

Ich sah ihn erwartungsvoll an und wartete.

»Der alte Stall bei uns hat so ein winziges Dachgeschoss. Ein Spitzdach, drei Meter breit und in der Mitte nicht höher als ein Meter. Als ich klein war, war das mein Versteck, ich habe da auch manchmal geschlafen. Wie gesagt, ein Meter hoch in der Mitte, und rechts und links ist das schräge Dach, da gibt es kaum Platz. Du müsstest auf allen vieren reinkrauchen und aufpassen, dass du nicht mit dem Kopf gegen das Dach stößt.«

»Hört sich gut an.«

»Aber das wäre alles. Kein Wasser, keine Toilette. In unser Haus kannst du nicht kommen, das würde meine Mutter nicht erlauben. Also Waschen und Zähneputzen wird ein Problem für dich. Und Toilette ebenfalls, da musst du sehen, wo du eine öffentliche findest. Aber eine Matratze liegt dort noch, eine sehr alte, auf der ich damals geschlafen habe.«

»Das wäre wunderbar. Und wie teuer wäre dieses Luxusquartier?«

Er überlegte, sah seinen Freund an und sagte dann: »Eine Flasche Schnaps pro Woche. Aber kein Fusel, es sollte schon ein Goldbrand sein. Und bezahlt wird zu Beginn jeder Woche. Willst du dir den Stall vorher ansehen?«

»Nein, Karl, den buche ich ungesehen.«

»Dann besorg mal den Weinbrand, und ich bring dich hin.«

»Wenn du zu der Matratze noch eine Decke hättest, wäre das hilfreich.«

»Alte Decken sind genug da, davon liegen mehrere im Stall, also direkt unter deiner Schlafstelle.«

»Danke. Dann geh ich mal und kauf deinen Goldbrand. Treffen wir uns wieder hier?«

»Ja.«

In dem Stall hinter der Backstube roch es streng. Eine Leiter stand an der Wand, auf der man in den darüberliegenden winzigen Verschlag klettern konnte. Eine Klappe mit zwei Riegeln, so dass man sie von oben oder unten verschließen konnte, war der Zugang zu meinem Schlafplatz. Auch oben roch es nach Ziegenstall, und ich öffnete sofort das kleine Dachfenster. Dann packte ich meinen Rucksack aus, kletterte hinunter und schaute die Decken durch, die dort aufgestapelt waren. Ich nahm zwei, die weniger verschlissen als die übrigen waren, und warf sie hoch in den Verschlag. Dann wandte ich mich an Karl, der an der Stalltür stand: »Komm, ich lade dich noch auf ein Bier ein.«

Ich konnte zwei Wochen auf Hiddensee bleiben. Frühmorgens packte ich meinen Rucksack mit allem, was ich tagsüber brauchte, verließ den Stall, und kletterte erst wieder hinein, wenn ich schlafen ging. Beim Bäcker kaufte ich mir jeden Morgen eine große Tüte mit Brötchen und Kuchen und lief dann zum Hotel am Hafen, bestellte einen Kaffee und suchte die Toilette auf, wo ich mir das Gesicht wusch und die Zähne putzte. Dann marschierte ich zu meiner kleinen Badestelle am Dornbusch-Ufer, östlich vom Hafen, wo um diese Zeit nie ein Mensch zu sehen war. Ich schwamm eine Runde, legte mich auf mein Handtuch und frühstückte. Da ich in Berlin vergessen hatte, Besteck einzupacken, und es in den beiden Läden in Kloster und Vitte nur Besteckkästen für sechs oder zwölf Personen zu kaufen gab, lieh ich mir von Karl Messer, Gabel und Löffel. Nach vier Tagen hatte ich Hiddensee vom Bessin bis zur Südspitze, dem Gellen, abgelaufen, hatte mir Neuendorf und Vitte angesehen und kannte nun die gesamte Insel, einschließlich der gesperrten Gebiete, die ich auch durchwanderte, da dort kein Mensch zu sehen war. Ab und zu traf ich Karl und Frieder, die jeden Nachmittag am Hafen erschienen, um sich die ankommenden und abfahrenden Touristen anzusehen. Ich spendierte ihnen ein Bier, und sie erzählten mir die Geschichten der Insel, wie sich bei jedem freiwerdenden Grundstück und bei allen genehmigten und abgelehnten Bauanträgen die Einheimischen in den Haaren lagen und sich lebenslang zerstritten und was die Touristen für Klimmzüge machten, um zu einem Nachtquartier auf der Insel zu kommen.

Karl hatte jeden Morgen um halb fünf in der Backstube zu sein, und da ihn sein Vater um vier Uhr weckte, musste er abends spätestens um neun schlafen gehen, dafür hatte er ab Mittag frei und konnte nach dem Essen den Tag genießen.

Frieder verschwand in der zweiten Woche von der Insel, sein Urlaub war vorbei und er musste wieder nach Stralsund ins Lehrlingsheim. Diese zweite Woche wurde für mich zunehmend langweiliger, es gab keine Veranstaltungen, die mich interessierten, und es waren kaum junge Leute zu sehen, die jüngsten Urlauber waren Eltern mit Kleinkindern, ansonsten liefen Rentner über die Insel, und ich war froh, wenigstens ab und zu mit Karl reden zu können.

Am Ende der zweiten Woche verabschiedete ich mich von ihm und bat, mir Bescheid zu geben, wenn er im nächsten Sommer ein Quartier für mich entdecken sollte.

»Den Ziegenstall reserviere ich dir«, meinte er, »der ist dir sicher, auch wenn es da etwas müffelt.«

Ich bestieg die Fähre nach Schaprode und war mit den vierzehn Tagen auf Hiddensee zufrieden, aber auch erleichtert, es überstanden zu haben. Ich blieb eine Woche bei den Eltern in Berlin und fuhr mit meinem Rucksack, den ich mit Besteck vervollständigt hatte, am elften August sehr früh mit der Bahn nach Naumburg. Zwei oder drei Stunden lief ich durch die Innenstadt, und nach einem Mittagsimbiss ging ich in den Dom. Am Nachmittag lief ich zum Bahnhof, um nach Dresden zu fahren, wo ich noch von Berlin aus in einer Jugendherberge ein Bett für vier Tage hatte bestellen können.

Dresden beeindruckte mich. Nach den sehr ruhigen und etwas langweiligen Tagen auf der Insel genoss ich das quirlige Leben dieser Stadt, wanderte durch den Zwinger und saß eine Stunde auf der Brühlschen Terrasse, sah die beeindruckende Ruine der Frauenkirche und fuhr dann zum Palais im Großen Garten. Am späten Nachmittag sah ich mir das lustige und mich heiter stimmende Schillerhäuschen an, und am Abend fand ich in einer Gaststätte in der Wiener Straße einen freien Platz und leistete mir ein richtiges Abendbrot. In der Jugendherberge fragte ich den Leiter des Hauses, ob ich das Bett einen Tag länger haben könne, also bis zum fünfzehnten, denn die Stadt sei derart schön, dass mir zwei oder zweieinhalb Tage nicht ausreichen würden, um alles zu sehen, doch er schüttelte den Kopf und meinte, ich hätte Glück, überhaupt für vier Tage einen Bettplatz zu bekommen, Dresden sei überfüllt, auch in den Hotels gebe es keine freien Zimmer.

Bert, mein Bettnachbar, der gerade seine Lehre als Feinoptiker beendet hatte und im September nach Niederschlema zur Wismut SDAG gehen wollte, weil man beim Uran-Abbau richtig gut verdienen könne, doppelt so viel wie ein ausgelernter Optiker, war den ganzen Tag mit seinem Dresdner Cousin Kajak gefahren. Die Barock-Bauwerke und die Museen interessierten ihn nicht.

»Ich bin kein Gymnasiast, ich brauch dieses alte Zeug nicht«, meinte er, als ich ihm von meinen Erlebnissen erzählte.

Am nächsten Morgen weckte Bert mich kurz nach acht.

»Die Schule ist vorbei, Daniel, wenigstens für dich«, sagte er, als ich ihn verärgert fragte, wieso er mich nicht schlafen lasse.

»Die machen in Berlin und wohl im ganzen Land die Westgrenze dicht. Da wirst du nicht zu deinem Gymnasium kommen.«

»Was redest du für einen Unsinn?«

»Steh auf und komm in den Frühstücksraum. Da steht ein Radio, da kannst du es dir anhören.«

Im Frühstücksraum saßen mehr als zwanzig Personen, keiner sagte etwas, alle hörten stumm dem Radiosprecher zu, der immerfort von »Sicherheitsmaßnahmen der Regierung zur Rettung des Weltfriedens« sprach. Ich nahm mir Kaffee und zwei Brote und hörte an, was er über die Absperrungen sagte. Dann ging ich mit Bert in unser Zimmer zurück.

»Jetzt bist du voll am Arsch, Daniel.«

»Unsinn, Bert. Was der Kerl im Radio erzählt, das geht gar nicht. In Berlin gibt es hundert Straßen, die von Ost nach West und von West nach Ost führen. Selbst wenn sie die alle sperren, dann gibt es noch unterirdisch die U-Bahn und alle möglichen Kanäle. Dann ist da die Spree, ich brauche nur in einer mondlosen Nacht zweihundert Meter zu schwimmen und bin in Westberlin. Da können sie nichts machen. Und außerdem ist da noch die Grüne Grenze, das sind Hunderte Kilometer, die können sie ja nicht mit Stacheldraht verrammeln. Hunderte von Kilometern, nein, da wird es immer genügend Stellen geben, wo man bei Tag und Nacht rüberspazieren kann.«

»Da bin ich nicht so sicher.«

»Glaubst du denn, die Westmächte, die Amerikaner, die Engländer und die Franzosen werden das zulassen?«

»Ach, du meinst, sie beginnen mit Ulbricht und den Russen einen Krieg, nur damit du zu deinem Gymnasium kommst?«

»Vielleicht. Warum nicht?«

»Dann wird es also einen dritten Weltkrieg geben und ein Achtzehnjähriger mit Namen Daniel war der Auslöser. Richtig?«

Ich war, obwohl gewiss, dass man eine Millionenstadt wie Berlin nicht durchgängig und unüberwindbar in zwei Hälften trennen kann, beunruhigt und entschloss mich, nicht in Dresden zu bleiben, sondern umgehend nach Berlin zurückzufahren. Zwei Stunden später saß ich in einem Bummelzug, der mich nach Leipzig brachte, von wo aus ich eine Bahn in die Hauptstadt nahm.

Der Zug war gerade aus dem Leipziger Hauptbahnhof, als drei bewaffnete Polizisten durch den Waggon gingen und jeden Passagier ansprachen. Auch von mir wollten sie wissen, wohin ich fuhr und was ich in Berlin zu tun habe. Ich wies auf meinen Personalausweis, in dem meine Berliner Adresse stand. In Bitterfeld stiegen sie mit drei Passagieren aus, denen sie die Ausweispapiere abgenommen hatten.

Der Zug endete im Berliner Ostbahnhof. Ich stieg aus und fuhr mit der S-Bahn Richtung Westen. Auf dem Bahnhof sah ich auf der Anzeige, dass der Zug nur bis Friedrichstraße fuhr.

Im Bahnhof Friedrichstraße waren sehr viele Uniformierte zu sehen, ich musste beim Aussteigen an all diesen Polizisten, Soldaten und den Angehörigen der Betriebskampfgruppen vorbei, die mich misstrauisch musterten, aber nicht aufhielten.

Ich ging zu der Straße Unter den Linden, um zum Brandenburger Tor zu gelangen. An diesem Sonntag stand dort zur Mit-

tagszeit eine riesige Menschenmenge, die von Polizisten zweihundert Meter vor dem Tor aufgehalten wurde und die schweigend, eingeschüchtert und grimmig die Absperrarbeiten beobachtete. Große Rollen mit Stacheldraht standen rechts und
links, zudem Blechplatten und Eisenstangen. Zwischen den Ar-
beitern, die den Stacheldraht befestigten, liefen Grenzpolizisten
mit umgehängten Maschinenpistolen, die sie schussbereit in
der rechten Hand hielten. Von einem Lautsprecherwagen aus
wurden die Bürger aufgefordert, die Sicherungsmaßnahmen der
Republik nicht zu behindern und sich zurückzuziehen, woraufhin einige Leute ein paar Schritte zurück gingen, andere trotzig
stehen blieben.

Ich fuhr zum Alex und mit der U-Bahn zur Bänschstraße, die
Eltern und die Geschwister waren zu Hause, auch David. Mutter fragte, ob ich zu Mittag essen wolle, sie habe noch ausreichend Essen in der Küche, aber ich konnte nichts essen, ich
wollte mit Vater und David über die neue Situation sprechen
und erfahren, wie es für meinen Bruder und mich weitergehen
konnte.

Sie erzählten mir, dass auch der Bahnverkehr von U- und S-
Bahn unterbrochen sei, dass es keine Möglichkeit gäbe, nach
Westberlin zu kommen, und es fraglich sei, ob wir das Gymnasium weiter besuchen konnten. Vater sagte, er würde sich gleich
am nächsten Tag um einen Termin bei dem im Magistrat für
Schulen und Bildung Zuständigen bemühen, mehr sei augenblicklich nicht zu sagen. Die nächsten Tage würden zeigen, ob
die Schließung der Grenze eine temporäre Aktion für den Sommer sei, die zu Weihnachten längst wieder aufgehoben sei, oder
ob die Trennung der Ostzone von den Westzonen der Stadt
dauerhaft bleiben solle.

»Und dann müssen wir abwarten, wie die westlichen Siegermächte darauf reagieren. Ich kann mir beim besten Willen nicht vorstellen, dass die Amerikaner eine solche Gewaltaktion hinnehmen, und noch bestimmen nicht allein die Russen, sondern alle vier Siegermächte. Hoffen wir, dass es nicht zum Krieg kommt. Das ist im Moment das Allerwichtigste, da ist alles andere nebensächlich.«

Am Abend lagen David und ich lange schlaflos im Bett. Wir redeten nicht miteinander, denn wir wussten nicht, was kommen würde, und so gab es nichts zu besprechen.

Ich war erst Untersekunda, hatte also noch mehr als zwei Schuljahre vor mir, aber David war bereits Oberprima, in sieben Monaten hätte er sein Abitur in der Tasche gehabt, ihn hatte die Grenzsperrung übler erwischt. Dass wir auf einer Oberschule in Ostberlin unser Abi machen konnten, hielten wir beide für ausgeschlossen. Man hatte uns nach der Grundschule für den Besuch einer weiterführenden Schule nicht zugelassen, weil wir Söhne eines Pfarrers waren, und nun waren wir immer noch Pfarrerskinder, aber hatten den zusätzlichen Makel, *abgehauen* zu sein, die Republik verraten zu haben, wie es die ostdeutschen Politiker und Zeitungen nannten.

Nein, das Abitur war für uns in weite Ferne gerückt, stattdessen hätten wir beide nun Mühe, einen Ausbildungsvertrag für einen interessanten Beruf zu bekommen. Die staatlichen Stellen und die Ostberliner Behörden würden uns vielmehr für unser Vergehen zu bestrafen suchen, auch wenn es dafür keine rechtliche Grundlage gab, denn es gab kein Gesetz, das den Ostberlinern den Besuch eines Westberliner Gymnasiums verbot, vielmehr gab es die ausdrückliche Erlaubnis durch den Erlass der vier Siegermächte.

In den folgenden Tagen waren wir wie gelähmt – ganz Ostberlin wirkte erstarrt und ohnmächtig. David und ich gingen jeden Tag einmal an die Grenze. Es gab keinen öffentlichen Widerstand gegen die Abriegelung der Sektorengrenze, keine Demonstrationen, keine lauten, wuterfüllten Proteste, die Berliner schauten den Bauarbeitern zu, die noch immer mit Stacheldraht und stählernen Barrikaden den Zutritt nach Westberlin unmöglich machten und bei dieser Arbeit selbst von bewaffneten Polizisten und Soldaten bewacht wurden.

Wir wussten nicht, was wir tun konnten, ob wir uns an einer Oberschule bewerben oder uns gleich um eine Lehrstelle kümmern sollten.

Zwei Tage nach diesem Sonntag kam Vater vom Konsistorium zurück und sagte uns, die westlichen Siegermächte würden nichts gegen die Absperrung unternehmen. Er brachte eine Zeitung mit, die ihm der Oberkirchenrat gegeben hatte, eine Ausgabe von *Neues Deutschland* vom Anfang des Monats. Auf der Titelseite dieser Staats- und Parteizeitung wurde der Senator William Fulbright zitiert, der eine Woche zuvor in den USA erklärt habe, die deutsche Krise könne man lösen, indem man Westberlin abriegele. Der Oberkirchenrat habe gemeint, dass diese Worte eines außenpolitischen Beraters des amerikanischen Präsidenten drei Wochen vor dem dreizehnten August wohl für den Kreml und für Ulbricht das entscheidende Signal waren und sie sich daraufhin für die Absperrung entschieden.

Am neunten August, hatte mein Vater gesagt, habe er sich noch mit einem Freund getroffen, der seit einem Jahr Pressesprecher von Berlins Regierendem Bürgermeister war und der ihm unter der Hand mitgeteilt habe, dass selbst nach ihrer besorgten Anfrage zu der Äußerung Fulbrights der Präsident der USA dessen Worte nicht kommentieren oder gar zurückweisen wolle.

Wir nennen ihn im Senat nicht mehr Fulbright, habe der

Pressesprecher ihm gesagt, bei uns heißt er nur noch »Fulbricht«.

Sechs Tage später hatte Vater einen Termin beim Magistrat im Roten Rathaus bekommen und konnte mit Herrn Rumprecht sprechen, dem zuständigen Referenten für die Oberschulen in Ostberlin.

Vater kam ganz beglückt von diesem Gespräch zurück. Herr Rumprecht habe ihn sehr beruhigt und erklärt, dass sowohl David als auch ich weiterhin das Gymnasium besuchen könnten und dort unser Abitur machen. Es seien jetzt etwas turbulente Tage, doch die Lage beruhige sich und er gehe davon aus, ihm bereits in drei oder vier Tagen die genaueren Festlegungen des Magistrats und der Regierung bezüglich des Besuchs der Westberliner Schulen mitteilen zu können.

Wenn Ihr Sohn ein halbes Jahr vor dem Abitur steht, habe er zu ihm gesagt, da werden wir doch nicht die Dummheit machen, ihm das zu vermasseln. Wir sind doch keine Unmenschen.

Diese Mitteilung kam sehr überraschend für uns. Die Nachrichten in Ost und West klangen weniger optimistisch, man ging vielmehr davon aus, dass die Absperrungen für alle Zeit gelten sollten, und wie wir in die Salzbrunner Straße gelangen könnten, war uns ein Rätsel. Keine Bahn fuhr über die Grenze, alle Straßen, die nach Westberlin führten, waren abgesperrt, und an einigen Übergängen wurden steinerne Wände errichtet, dicke Mauern, vier Meter hoch. Die Mitteilung von diesem Herrn Rumprecht schien uns illusorisch zu sein, und wir vermuteten, er habe Vater das nur gesagt, um ihn zu beruhigen.

Drei Tage später ging Vater nochmals zum Magistrat, um sich bei Herrn Rumprecht zu erkundigen, ob bereits entschieden sei, wie seine Söhne zu ihrem Gymnasium kommen könnten. Er erklärte dem Pförtner sein Anliegen, dieser telefonierte kurz und ließ ihn dann durch. Er sei in den zweiten Stock hochgestiegen und habe dann an jenem Zimmer angeklopft, in dem er drei Tage zuvor mit Herrn Rumprecht gesprochen habe.

Hinter dessen Schreibtisch saß jedoch ein anderer Mann, der ihm unwirsch mitteilte, dass Herr Rumprecht nicht mehr beim Magistrat angestellt sei. Vater erklärte ihm sein Anliegen und trug vor, was Herr Rumprecht ihm drei Tage zuvor gesagt habe.

Der Mann hinter dem Schreibtisch lachte höhnisch auf und sagte, die Grenze werde auch deswegen gesichert, damit keiner aus der Hauptstadt illegal in Westberlin arbeiten gehe und auch keine Schüler der Hauptstadt an den Westberliner Schulen im imperialistischen Geist erzogen würden.

»Also kein Schulbesuch für euch beide«, sagte Vater, »dieser Herr Rumprecht war wohl ein zu gutmütiger und netter Beamter.«

»Oder ein Idiot«, meinte David, »geglaubt hatte ich das, was er dir gesagt hat, sowieso nicht.«

Am vierundzwanzigsten August bekamen wir unerwarteten Besuch, Faro klingelte an unserer Wohnungstür. Wir boten ihm Kaffee an, und er sagte, er müsse mit uns reden. Zusammen mit den Eltern setzten wir uns mit ihm in Vaters Arbeitszimmer.

Faro sagte, mit Hilfe von Senatsbeamten habe er die Möglichkeit, für alle Internatsschüler, die jetzt im Osten festsäßen, westdeutsche Pässe zu bekommen. Er benötige von uns nur Passbilder, dann könne er uns vierzehn Tage später die Pässe übergeben. Diese Pässe würden Gebrauchsspuren haben und einen Einreisestempel der Ostberliner Grenzer, für all das würden seine Gewährsleute im Senat sorgen. Wir könnten dann am selben Tag, also in vierzehn Tagen, nach Westberlin fahren. Faro strahlte uns an, doch wir waren skeptisch und überlegten.

Die Eltern sahen uns besorgt an und fragten, wie wir uns entscheiden wollten. Einen Pass mit einem gefälschten Stempel am Bahnhof Friedrichstraße vorzulegen, sei heikel und nicht ungefährlich. Und wenn wir gingen, sagte Vater, wisse keiner von uns, wann wir uns wiedersehen könnten, ob das in diesem Leben überhaupt noch einmal möglich sein würde.

Er sah David an, der auf seine Hände blickte und mehrmals tief durchatmete.

»Nein, Faro«, sagte mein Bruder schließlich und schaute unseren Adjunkten an, »nein, ich werde nicht gehen. Ich bleibe bei meinen Eltern. Keiner weiß, wie lange diese Absperrung bleiben wird. Sie bauen ja jetzt schon richtige Mauern. Das wird für Jahre und Jahrzehnte bleiben, und meine Eltern werden älter und werden dann meine Hilfe brauchen. Ich bleibe hier, Faro.«

Faro nickte und schaute mich an: »Und du, Daniel?«

Ich sagte, ich werde auch nicht gehen, sondern wie mein Bruder bei den Eltern bleiben.

»Ich verstehe euch«, sagte Faro, »ich hoffe, wir sehen uns bald wieder.«

Zwei Tage später durften die Westberliner nicht mehr einreisen, sie wurden an den Grenzübergangsstellen zurückgewiesen, ein Aufenthalt in der gesamten ostdeutschen Republik war ihnen verboten. Faro hätte uns die zwei Pässe mit gefälschten Einreisestempeln nicht mehr überbringen können.

»Und was machen wir jetzt?«, fragte ich meinen Bruder.

»Bemühe dich um eine Lehrstelle, irgendeine«, sagte er, »ich will eine Lehre als Technischer Zeichner machen, und ich melde mich bei einer der Abendschulen an, um das Abi-Zeugnis zu bekommen und studieren zu können.«

»Abendschule? Das sollte ich wohl auch machen.«

David nickte.

XVI Eine Geschichte endet,
eine Geschichte beginnt

Es gab, wie ich dem Telefonbuch entnahm, in Ostberlin eine zentrale Berufsberatung. Da am vierten September im ganzen Land die Lehrlingsausbildung begann, schien es mir ratsam, mich dort vorzustellen und nach einem Lehrbetrieb zu fragen.

Die Frau, zu der ich geschickt wurde, sie hieß Spiridow, war empört, dass ich mich derart spät um eine Lehrstelle kümmerte.

»Wir haben Ende August, junger Mann, die anderen haben sich ihre Lehrstellen schon im Mai gesichert.«

»Ja, ich habe es versäumt. Tut mir leid. Ich habe einfach nicht daran gedacht.«

»So, so, so. Na, ich hoffe, dass das nicht Ihre Einstellung zur Arbeit ist.«

Sie fragte nach meinen Interessen und ich sagte, dass ich sehr gern Tischler lernen würde.

»Tischler, das ist gut, das ist ganz ausgezeichnet. Denn da habe ich noch sieben offene Stellen, zwei in Köpenick, drei in Weißensee und je eine in Treptow und Mahlsdorf.«

»Weißensee wäre gut für mich. Ich wohne in der Nähe, in der Bänschstraße.«

»Ich werde sehen, was ich für Sie tun kann. Füllen Sie bitte im Warteraum diese Papiere aus und bringen Sie sie mir dann. Aber bitte vollständig ausfüllen.«

Eine Viertelstunde später brachte ich ihr die ausgefüllten

Formulare zurück. Sie verlangte meinen Personalausweis, ich reichte ihn ihr, und sie notierte sich etwas.

»Kommen Sie morgen wieder, gleich früh um neun. Es ist ja alles sehr, sehr spät, auf den letzten Drücker sozusagen. Ich kann Sie überhaupt nicht verstehen, in fünf Tagen beginnt die Lehre, und Sie melden sich erst heute.«

Am Tag darauf erschien ich wieder bei Frau Spiridow. Sie sah mich finster an und sagte, ich hätte ihr am Vortag nicht gesagt, dass ich in Westberlin zur Schule gegangen sei. Das habe sie erst in den von mir ausgefüllten Formularen gesehen. Sie habe mit ihrem Abteilungsleiter gesprochen, und gemeinsam hätten sie entschieden, dass eine Tischlerlehre für mich nicht in Frage käme.

Ich fragte sie: »Und wieso nicht?«

»Das haben der Abteilungsleiter und ich entschieden. Wir haben auch die moralische und gesellschaftliche Eignung der Lehrlinge zu berücksichtigen.«

»Das ist ja großartig. Und welche Berufe darf ich erlernen?«

»Buchhändler«, sagte sie, »wir meinen, Sie sollten eine Buchhändlerlehre machen. Das ist ein schöner Beruf für Sie.«

Da meine Glückstage, meine Affenschwein-Tage, in Westberlin im Besuch einer Buchhandlung bestanden, nickte ich und sagte, ich würde gern eine solche Lehre machen. Ich stellte mir vor, dass ich jeden Morgen in die mir zugewiesene Buchhandlung ginge, mir ein Buch schnappte und es in einer verborgenen Ecke läse.

»Sehr schön«, sagte sie, »dann kann ich unsere Entscheidung unterschreiben. Sie melden sich damit umgehend, am besten noch heute, bei der Berliner Buchhandelsgesellschaft, die ist in der Rungestraße. Dort wird man Ihnen sagen, in welcher Buchhandlung Ihre Lehre beginnt.«

Ich nahm den Zettel, bedankte mich und machte mich auf

den Weg in die Rungestraße. Im Hinterhof eines gewaltigen Baus aus der Zeit der Gründerjahre befand sich die Zentrale dieser Gesellschaft. Dort schickte man mich von einem Zimmer zum anderen, zu drei verschiedenen Leuten, denen ich meine Papiere vorzulegen hatte und die mich ausfragten. Schließlich teilte man mir mit, man habe entschieden, dass ich in der Buchhandlung am Alexanderplatz ausgebildet werde, der größten Buchhandlung des Landes.

Ich nickte, nahm das Blatt, auf dem Name und Anschrift der Buchhandlung standen, sowie die Bestätigung meiner Aufnahme als Lehrling. Am vierten September hatte ich mich dort um zehn vor acht einzufinden.

Auf dem Weg nach Hause fuhr ich noch zum Alexanderplatz, um mir meine künftige Arbeitsstelle anzusehen. Ich ging nicht hinein, sondern lief nur um das große Geschäft herum und sah mir die Schaufenster an, in denen Bücher lagen und standen und auch Plakate mit politischen Losungen hingen.

Am späten Nachmittag ging ich in die Linienstraße, wo es eine Abendschule in der Nähe meines künftigen Arbeitsplatzes gab, und meldete mich für die Abiturklasse an. Ich sagte, ich habe die zehnte Klasse abgeschlossen und wolle hier noch die elfte und zwölfte machen. Da ich keine Papiere über meinen Besuch des Gymnasiums vorweisen konnte, wurde ich nur probeweise aufgenommen, man wollte nach einem Monat entscheiden, ob ich tatsächlich in eine elfte Klasse gehörte.

Am Gymnasium hätte ich noch fast drei Jahre bis zum Abitur gebraucht, aber ich war sicher, dass ich die eingeschränkten Anforderungen einer Abendschule spielend schaffen würde. Meine alten Sprachen würden mir in der Linienstraße überhaupt nicht helfen, doch ich war sicher, dass ich mit Deutsch, Mathe und allen anderen Fächern keinerlei Schwierigkeiten haben würde. Allein der Russischunterricht könnte ein Problem werden, denn was wir bei Frau Kehl gelernt hatten, war für die Katz.

Auch David hatte sich bei der zentralen Berufsberatung gemeldet. Sie hatten ihm, weil er in Westberlin zur Schule gegangen war, eine Lehre als technischer Zeichner verweigert und ihm stattdessen eine dreijährige Ausbildung als Krankenpfleger angeboten. David war daraufhin zu IPRO gegangen, einem Betrieb, der Großprojekte plante und baute, hatte sich in der Kaderabteilung gemeldet, die über die Einstellungen entschied und alle Personalakten führte, und dort um eine Lehrstelle als technischer Zeichner ersucht, die ihm sofort zugesichert wurde, denn der Betrieb hatte noch vier unbesetzte Lehrstellen. Die Lehre würde drei Jahre dauern, und er musste sich verpflichten, danach für zwei Jahre in seinem Ausbildungsbetrieb zu arbeiten, was er sofort akzeptierte. Er wollte studieren und wusste, dass er dafür eine Empfehlung seiner Arbeitsstelle brauchte, und ein Schreiben eines Großbetriebs wie IPRO wäre da sicherlich hilfreich.

Ich beneidete meinen Bruder, weil er sich von den Idioten der Berufsberatung nicht von seiner Entscheidung hatte abbringen lassen. Vielleicht hätte ich auch zu den Tischlereien gehen und mich dort nach einer Lehrstelle erkundigen sollen, doch andererseits war ich mit einer Ausbildung in einer Buchhandlung zufrieden, schließlich liebte ich Bücher und las gern und viel.

Am vierten September war ich pünktlich am Personaleingang der Buchhandlung, der sich auf der Rückseite des Ladengeschäfts befand. Eine Frau sprach mich an, fragte, was ich wolle, und nachdem ich es ihr gesagt hatte, schickte sie mich in das Zimmer des Chefs. Ich klopfte an und ging hinein.

Hinter dem Schreibtisch saß ein etwa fünfzigjähriger Mann mit einem Schnauzbart, der eine Hasenscharte verdecken sollte.

Er stand auf, begrüßte mich freundlich, fragte nach meinem Namen und sagte, er heiße Heuer. Dann erklärte er, ich solle mich hinsetzen, wir müssten noch einen Augenblick warten, es komme noch ein anderer Lehrling und er wolle nicht alles zweimal sagen.

Drei Minuten später erschien der andere neue Lehrling, ein Mädchen, Ingrid, ein Jahr älter als ich, die das Abitur bereits gemacht hatte und nach der Lehre am Bibliothekswissenschaftlichen Institut studieren wollte. Heuer begrüßte sie und sagte uns dann, was er von uns erwarte und welche Arbeiten wir zu erlernen und auszuführen hätten. An vier Tagen wären wir in der Buchhandlung, am Mittwoch und Donnerstag seien wir in der Berufsschule in der Greifswalder Straße. Dann rief er nach einer Frau Grützke, stellte uns ihr vor und sagte, sie sei zuständig für die Lehrlingsausbildung und würde uns einweisen.

Wir gingen mit ihr durch die Räume der Buchhandlung, sie zeigte uns die verschiedenen Fachabteilungen und stellte uns den Mitarbeitern vor, die uns alle sehr freundlich begrüßten. Um neun Uhr wurde die Ladentür aufgeschlossen, und wir gingen mit Frau Grützke ins Lager, um Bücher auszupacken und einzusortieren. Ich sagte ihr, dass ich das Abitur auf der Abendschule mache und daher an diesen vier Abenden keinen Spätdienst machen könne, da der Unterricht bereits um achtzehn Uhr beginne, und sie erwiderte, sie würde es bei der Dienstplanung nach Möglichkeit berücksichtigen.

Nun bestanden meine Wochentage aus den acht Stunden in der Buchhandlung und dem Unterricht an der Abendschule, wo ich an vier Abenden die Woche jeweils vier Stunden abzusitzen hatte. Um sieben Uhr früh ging ich aus dem Haus und war erst kurz nach zweiundzwanzig Uhr wieder daheim. Die Arbeit in der Buchhandlung war körperlich nicht anstrengend, was für den abendlichen Schulbesuch vorteilhaft war, denn zwei Abendschüler in meiner Klasse, ein Maurer und ein Schreiner, waren an jedem Tag so erschöpft, dass sie in der dritten, spätestens in der vierten Stunde einschliefen und nach einem Monat ihre Bemühungen, das Abitur nachzuholen, aufgeben mussten.

Ende Oktober wurden ich und zwei andere Abendschüler nach der zweiten Unterrichtsstunde zum Direktor gerufen. Er sagte uns, dass wir drei, die alle in Westberlin zur Schule gegangen waren, in der kommenden Stunde vom Lehrer für Staatsbürgerkunde auf unsere politische Verlässlichkeit überprüft werden sollten. Wir sollten daher nach der Schulpause nicht ins Klassenzimmer zurückgehen, sondern im Flur warten, bis Herr Leuchtenbrink, wie er hieß, einen nach dem anderen aufrufen würde.

Leuchtenbrink sah mich misstrauisch an, als ich nach seiner Aufforderung in das Schulzimmer kam. Das Erste, was er zu mir sagte, war, dass die Raketen der Nationalen Volksarmee – »unserer heldenhaften und erprobten Volksarmee« – auf Westdeutschland ausgerichtet seien.

»Was halten Sie davon?«, fragte er mich.

Ich begriff sofort, worauf er hinauswollte, und antwortete ausweichend, dass ich Raketen und Waffen aller Art für bedrohlich und gefährlich hielt und für eine weltweite und vollständige Abrüstung sei.

Sein Blick verfinsterte sich, er schnaubte unwillig.

»Danke, Sie können gehen«, sagte er, »ich meine, dass ein Mensch mit einer solchen Einstellung zu unserer Republik auf keiner unserer Universitäten studieren und auch keine weiterführenden Schulen besuchen sollte. Hier, an meiner Schule, werden Typen mit einer derart feindlichen Einstellung kein Abitur bekommen.«

»Und was heißt das?«, fragte ich trotzig.

»Der Schulbesuch ist hiermit und ab heute für Sie beendet. Sie sind exmatrikuliert.«

»Ich habe den Kurs bezahlt, da können Sie mich nicht einfach aus der Abendschule schmeißen.«

»Das Geld können Sie sich im Sekretariat erstatten lassen. Von Leuten wie Ihnen wollen wir kein Geld. Keinen Pfennig. Und nun gehen Sie endlich.«

Ich knallte die Tür hinter mir zu und ging ins Sekretariat. Ich sagte der Sekretärin, dass mich das Riesenarschloch Leuchtenbrink hinausgeworfen habe und ich mir das Schulgeld bei ihr abholen solle. Sie sah mich mitleidig an, sagte aber nichts und ließ auch meine Wortwahl unkommentiert. Sie ging zum Schrank, schloss ihn auf, nahm eine Kassette heraus und zählte mir das Geld hin.

Ich war wütend und verzweifelt und erzählte David, dass ein Lehrer der Abendschule mich rausgeworfen habe. Er sagte, an seiner Schule – er hatte sich in Friedrichshain angemeldet – werde nicht gefragt, ob einer von einem Westberliner Gymnasium komme.

Als ich vierzehn Tage später auf der Straße ein Mädchen traf, das mit mir den Abendkurs begonnen hatte, erzählte ich ihr, dass dieser Leuchtenbrink mich nach einer politischen Fangfrage von der Schule geschmissen habe. Ich fragte sie, was mit den anderen beiden sei, die gleichfalls in Westberlin zur Schule gegangen waren und wie ich zu einem Gespräch vorgeladen worden waren. Das Mädchen sagte, dass diese beiden weiterhin zum Unterricht kamen. Ich lachte kurz auf und fragte mich, wie das möglich sei und was diese zwei wohl auf die Fangfragen geantwortet hatten.

In der Buchhandlung war es mir gelungen, tatsächlich zwei

oder drei Stunden in aller Ruhe Bücher zu lesen. Die große Buchhandlung machte täglich einen gewaltigen Umsatz, der am nächsten Morgen abgerechnet werden musste, eine Aufgabe, die meine Mitarbeiterinnen – außer dem Chef und seinem Stellvertreter arbeiteten nur Frauen in dem Geschäft – ungern erledigten, die jeweils dazu verdonnerte Kollegin benötigte dafür mehrere Stunden.

Da ich mit Mathematik ebenso wenig Schwierigkeiten hatte wie mit dem bloßen Rechnen, erklärte ich mich bereit, diese Arbeit jeden Morgen zu erledigen. Mit dem Pappkarton, in dem die Kassiererinnen die Kassenbons gesammelt hatten, setzte ich mich in den kleinen Aufenthaltsraum, in dem man mittags sein mitgebrachtes Essen einnehmen konnte, machte in weniger als einer Stunde die gesamte Aufstellung der Einnahmen vom Vortag und blieb dann noch zwei Stunden sitzen, um ein Buch zu lesen, bevor ich hinausging und Frau Grützke die fertige Abrechnung übergab. Wenn ich gelegentlich verlauten ließ, dass es an diesem Tag besonders schwierig und kompliziert gewesen sei, dankte sie mir überschwänglich.

Herr Heuer rief mich Ende Oktober in sein Büro und erklärte mir, dass die Berliner Volksbuchhandlungen miteinander im Wettstreit um den Titel *Kollektiv der sozialistischen Arbeit* stünden, und dabei sei es von entscheidender Bedeutung, dass alle Lehrlinge in der Freien Deutschen Jugend aktiv seien. Er schob mir einen Aufnahmeantrag über den Tisch und sagte, er erwarte, dass ich ihn am nächsten Tag ausgefüllt zurückbrächte. Ich erwiderte, ich wolle nicht in diesen Verein eintreten, ich sei überdies der Sohn eines Pfarrers, und die Jugendorganisation der Kirche, die Junge Gemeinde, werde von der staatlichen Jugendorganisation verleumdet und drangsaliert.

»Überlegen Sie sich das bitte. Wenn wir Ihretwegen den Titel nicht bekommen, also Ihretwegen die Kollegen auf eine Prämie verzichten müssen, wird das nicht ohne Folgen bleiben.«

»Ich kann diesem Verein nicht beitreten. Das wäre eine Lüge und ein Betrug, das können Sie nicht von mir erwarten.«

In den folgenden Wochen sprach mich sein Stellvertreter, der Herr Stießke, noch drei Mal auf eine Mitgliedschaft in der FDJ an und wurde beleidigend, als ich es zum dritten Mal ablehnte. Er drohte mir sogar mit arbeitsrechtlichen Strafmaßnahmen.

Im Dezember bekam die Buchhandlung eine Prämie, da sie die Planvorgaben nicht nur erfüllt, sondern sogar übererfüllt hatte. Jede Buchhändlerin und jeder Lehrling erhielt eine stattliche Summe, nur ich ging leer aus, weil meine Weigerung, in die FDJ einzutreten, die Kollegen im Wettbewerb zurückgeworfen hätte.

David grinste nur, als ich es ihm erzählte.

»Was hast du denn gedacht? Was meinst du, warum du Buchhändler werden sollst und nicht Tischler? Buchhändler ist ein Frauenberuf, nur die Chefs sind da Männer. Ein schlecht bezahlter Frauenberuf. Als Tischler würdest du richtig Geld verdienen, und das wollen sie nicht. Mich wollten sie ja auch nur zum Krankenpfleger ausbilden lassen, auch so eine mickrig bezahlte Arbeit.«

»Das hättest du mir früher sagen können!«

»Was kann ich dir schon sagen! Du weißt ja alles besser.«

Was er aussprach, überraschte mich. An das Herabsetzende der Berufsentscheidung der Behörde hatte ich nie gedacht, ich hatte an den Umgang mit Büchern gedacht, der mich zufrieden stimmte, und mir keinerlei Gedanken über den späteren Lohn gemacht. Nun wurde mir schlagartig bewusst, dass David recht hatte.

Nach dem Rausschmiss an der Abendschule, den Beschimp-

fungen in der Buchhandlung, weil ich nicht in die FDJ eintreten
wollte, der Weigerung, mir wie allen anderen einen Anteil an
der Prämie zu geben, war das der Tropfen, der das Fass zum
Überlaufen brachte.

Ich hatte in Ostberlin Lars kennengelernt, der bereits eine
eigene kleine Wohnung in der Boxhagener Straße hatte, obwohl
er wie ich erst achtzehn war. Er hatte sie mit Hilfe seines Vaters
bekommen, der irgendein hohes Tier in der Kommunalen Woh-
nungsverwaltung war. Lars war so alt wie ich, hatte aber bereits
sein Abitur gemacht und wollte Romanistik an der Humboldt-
Universität studieren. Da seine Immatrikulation erst im Herbst
des nächsten Jahres erfolgen konnte, arbeitete er als Ungelernter
im Großdrehmaschinenbau *7. Oktober*, wo er, wie er mir erzählte, Karusselldrehmaschinen zu verschrauben hatte und gutes
Geld verdiente.

Wenn ich ihn in seiner Wohnung besuchte, war stets eins jener drei Mädchen bei ihm, mit denen er ein Verhältnis hatte.
Die drei wussten voneinander und zogen übereinander her, aber
sie waren unfähig, sich von Lars zu trennen. Er war ein gutaus-
sehender junger Mann und immer großzügig, an Geld schien es
ihm nicht zu mangeln. Woher er es hatte, wollte er mir nicht sagen. Ich vermutete, er stahl es irgendwo, denn wenn ich mit ihm
durch die großen Selbstbedienungsgeschäfte lief, klaute er immer irgendetwas, ob er es gebrauchen konnte oder nicht. Das
Stehlen war bei ihm zwanghaft, und oft genug zeigte er mir,
was er eben entwendet hatte, und warf es dann in einen Papier-
korb, weil es zu nichts nütze war.

Obwohl ich neben ihm durch die Geschäfte lief, habe ich
häufig nicht bemerkt, wie er etwas in seiner Jackentasche oder
im Anorak verschwinden ließ. Lars war beim Stehlen sehr ein-
fallsreich.

Ich begleitete ihn, als er sich im Kaufhaus *Centrum* einen Handfeger kaufte, den er sich in eine Tüte stecken ließ. Dann gingen wir ins Stockwerk mit Herrenbekleidung, und er ließ sich von der Verkäuferin, die uns die ganze Zeit über misstrauisch im Auge behielt, drei Hosen geben, die er in der Umkleidekabine anprobieren wollte. Mit jeder neuen Hose, in der er steckte, kam er heraus, um von mir und der Verkäuferin zu hören, wie sie ihm stehe. Schließlich erschien er in seiner eigenen Hose und gab der Verkäuferin mit einem Ausdruck großen Bedauerns die drei Hosen zurück. Die Verkäuferin, der wir nach wie vor verdächtig waren, sah die Hosen durch und hängte sie ordentlich über die Bügel.

Nachdem wir das Kaufhaus verlassen hatten, zeigte er mir den Inhalt der Tüte: um den Handfeger hatte er eine vierte Hose gewickelt, die er auch anprobiert hatte. Ich fragte ihn, wie er das gemacht habe, unter den Augen der Verkäuferin eine vierte Hose mit in die Kabine zu nehmen, doch er schüttelte abwehrend den Kopf und lachte nur.

Nach dem ganzen Ärger mit der Abendschule, der Berufsberatung und der Buchhandlung beteiligte ich mich an seinen Diebstählen. Da wir zu zweit loszogen, fiel es uns leichter, denn einer von uns lenkte den Verkäufer ab, während der andere etwas verschwinden ließ. In der Buchhandlung konnte ich Lars problemlos hinter dem Kassenbereich Bücher mitgeben, und das war mir ein besonderes Vergnügen, weil ich meinte, damit Heuer und Stießke zu schädigen, was aber nur indirekt möglich war, denn sie waren nicht die Eigentümer der Buchhandlung. Doch je größer bei der jährlichen Inventur der Verlust war, desto geringer war für die beiden die Aussicht auf eine Prämie.

Im Dezember besuchte uns Faro. Da Westberliner nicht einreisen durften, hatte er sich in Hamburg polizeilich angemeldet, in seinem Pass stand nun Hamburg als Wohnort, und sein Volkswagen hatte ein Hamburger Kennzeichen.

Ich freute mich, ihn zu sehen, wir setzten uns ins Wohnzimmer, er fragte David und mich, wie es uns seit dem Mauerbau ergangen sei, und wir berichteten. Er war noch immer Adjunkt im Internat und sagte, es seien noch sechs weitere Schüler des C-Zweigs nicht zurückgekommen, da sie in den Ferien bei ihren Eltern waren und dort von der Absperrung der Zonengrenze überrascht worden waren.

Dann hatte Faro noch eine Bitte. Die westdeutsche Kirchenleitung wolle mehreren Gemeinden in Ostdeutschland Geld zukommen lassen, damit diese alle notwendigen Sanierungsarbeiten an Kirchen und Pfarrhäusern bezahlen könnten, die marode seien, für die aber das Geld fehle, da in Ostdeutschland keine Kirchensteuer erhoben wurde. Die bundesdeutsche Kirchenleitung werde daher in Westberlin eine größere Summe in Ostgeld umtauschen und über die Grenze schmuggeln lassen.

»Und wie wollen die das schmuggeln? Die Grenze ist dicht, jeder, der hier einreist, wird gründlich durchleuchtet.«

»Uns wird ein Offizier der amerikanischen Streitkräfte helfen. Sybelius kennt ihn, der Colonel gehört auch zu dieser Organisation World Vision, wo Sybelius Mitglied ist, und dieser Colonel ist bereit, das Geld zu transportieren. Er und sein Auto dürfen nach dem Besatzungsrecht nicht kontrolliert werden. Die Fahrt ist jedoch ein Dienstvergehen, sie ist nicht erlaubt. Seine eigenen Leute würden ihn bestrafen, wenn sie es erführen, aber er ist trotzdem bereit, der Kirche zu helfen.«

»Und was haben wir damit zu tun?«

»In der Sophienstraße hat die Kirche mehrere Büros in benachbarten Häusern. Die Häuser sind mittels Durchfahrten getrennt, in denen sich auch die Eingänge zu den Dienstzimmern befinden. Man kann durch diese Türen von einem Haus zum anderen gelangen. Der Colonel darf zwar nicht kontrolliert werden, aber bei jeder Fahrt in Ostberlin folgt ihm beständig ein Wagen der Roten Armee oder der Polizei, sie wissen also über jede Aktion Bescheid. Eine unbemerkte Übergabe des Geldes ist schwer zu bewerkstelligen. Zusammen mit dem Colonel planen wir, mit dem Auto in eine der Durchfahrten in der Sophienstraße zu fahren, in der Durchfahrt in Höhe der Tür kurz zu halten, den Koffer mit dem Geld einer Vertrauensperson in die Hand zu drücken und sofort zur Gipsstraße weiterzufahren oder im Hof zu wenden. Der Mann, der von uns das Geld bekommt, hat dann das Haus zu durchqueren, um über die nächste Durchfahrt in das Nachbarhaus zu gelangen, so dass die Übergabe unbemerkt und sicher über die Bühne gehen kann.«

»Ganz schön abenteuerlich. Und was haben wir dabei zu machen? Das Geld in Empfang nehmen?«

»Moment. Seht her, das ist die Sophienstraße, rot angekreuzt die Häuser, in denen sich die Kirchenbüros befinden. Ihr solltet nun in Erfahrung bringen, wie breit die Durchgänge sind, möglichst zentimetergenau, welcher der drei der geeignetste ist und über welchen Durchgang man bis in die Gipsstraße fahren kann. Ich will mich dort nicht blicken lassen, weil ich den Colonel bei dieser Fahrt zu begleiten habe und daher zuvor dort nicht auffallen will.«

»Du begleitest ihn? In einem Armee-Fahrzeug?«

»Ja. Ich bekomme eine Armeejacke und ein Käppi. Da ich nicht aussteige, müsste das ausreichen. Wenn ich mit dem Auto der Army gut zurechtkomme, spiele ich seinen Fahrer. Anderenfalls sitze ich auf dem Beifahrersitz. – Das Ausmessen der Durchfahrt, ist das für euch machbar?«

»Kein Problem. Können wir gleich heute machen oder morgen.«

»Wie gesagt, es geht um diese drei Durchfahrten. Messt ihre Breite an der schmalsten Stelle unauffällig aus und schaut, durch welchen Durchgang ein Fahrzeug auf die Gipsstraße gelangt.«

»Ist das alles?«

»Nein. In den Büros arbeiten sieben Frauen und drei ältere Männer. Ihnen will ich die Aktion nicht zumuten. Es wäre gut, wenn einer von euch in der geöffneten Tür des Durchgangs steht, das Geld entgegennimmt, dann die Tür von innen verriegelt und so schnell wie möglich mit dem Koffer das Haus durchquert, um ihn in eins der Büros des Nebengebäudes zu bringen. Traut ihr euch das zu oder ist es zu gefährlich für euch? Was meinst du, David?«

»Machbar. Es ist machbar, Faro.«

»Danke. Aber nur einer von euch sollte da stehen.«

Bevor ich etwas sagen konnte, sagte David rasch: »Ich mache das.«

»Gut. In vier Tagen wird sich jemand bei euch melden, dem könnt ihr sagen, was ihr herausbekommen habt. Möglichst mündlich, schriftlich nur das Notwendigste und abgekürzt. Um welche Zeit kann er am Donnerstag hierherkommen?«

»Zwischen siebzehn und achtzehn Uhr wäre gut. Da bin ich von der Arbeit zurück.«

»Gut. Donnerstag, siebzehn Uhr. Ich weiß noch nicht, wer kommen wird, ich jedenfalls nicht. Ich will bis zu dem Termin hier nicht weiter auffallen. Und dann kommt ein paar Tage später noch einmal jemand, der dir den Tag und die genaue Uhrzeit sagt. Denn wir werden vorher ein paar Runden drehen, um auf die Minute genau in der Durchfahrt zu sein. Die beiden Boten werden sich dir gegenüber mit einem Codewort ausweisen. Was schlägst du vor?«

»Kronberger Straße.«

»Einverstanden.«

»Wie schwer wird der Geldkoffer sein?«

»Weiß ich nicht. Aber das kann ich herausbekommen und dir am Donnerstag mitteilen lassen. Und an dem Tag kannst du dir in deinem Betrieb für zwei Stunden freinehmen?«

»Kein Problem. Ich sage, ich muss zum Arzt.«

»Na gut. Drücken wir uns die Daumen.«

»Kann ich mir aus dem schönen Köfferchen ein Bündel herausnehmen? Ich könnte es gebrauchen.«

Faro lachte: »Der Koffer ist gesichert, den kriegst du nicht auf. Aber eine Belohnung für euch ist vorgesehen. Ihr werdet von uns hören, wenn alles geklappt hat.«

Wir begleiteten Faro noch bis zur Straßenbahn, er musste zu demselben Grenzübergang zurück, über den er »eingereist« war, wie nun das Überqueren einiger Straßen genannt wurde, die von einer Besatzungszone der Stadt zur anderen führten.

Am nächsten Abend erkundeten wir die Durchfahrten. Wir hatten eine Rolle Schnur mitgenommen, um die Durchfahrtsbreite auszumessen. Nur die rechte Durchfahrt erlaubte es, mit einem Auto bis zur Gipsstraße zu gelangen, diese Durchfahrt war auch zwanzig Zentimeter breiter. Als kein Passant zu sehen war, maßen wir mit der Schnur rasch die Breite aus und machten einen Knoten, um daheim die Länge auszumessen. Die Tür auf der linken Seite der Durchfahrt, wo David stehen sollte, um das Geld in Empfang zu nehmen, war etwas zurückgesetzt, so dass er von der Straße aus nicht zu sehen war, wenn er dort stand und auf den Armeewagen wartete.

Daheim schrieben wir die Zahlen auf und machten eine Faustskizze von der Durchfahrt und der linken Eingangstür. Am Donnerstag klingelte es um sechs Uhr abends, ein Mann stand vor unserer Tür und sagte, er komme aus der Kronberger Straße. Wir ließen ihn in die Wohnung ein und zeigten ihm, was wir notiert hatten. Er nahm unsere Zettel nicht an sich, sondern notierte sich einiges in seinem Kalender, bevor er sich verabschiedete und seinen weiteren Besuch für den nächsten Dienstag zur gleichen Uhrzeit ankündigte.

Am Dienstag erschien er wieder sehr pünktlich und teilte uns mit, dass die Aktion in zwei Tagen, am kommenden Donnerstag, genau um elf Uhr stattfinde.

»Auf die Minute genau elf Uhr vormittags. Haben Sie das verstanden? Der Wagen kommt aus der Rosenthaler Straße, da die Sophien eine Einbahnstraße ist, und wird Punkt elf in der Durchfahrt halten. Man wird Ihnen durch das offene Fenster einen kleinen Reisekoffer reichen, er ist nicht besonders schwer. Der Wagen hält nur eine Sekunde und fährt sofort weiter. Sie müssen dann ins Haus, die Tür abschließen und schließlich durch das Haus und den nächsten Durchgang ins Nachbarhaus laufen. Dort wird der Superintendent auf Sie warten. – Alles klar?«

»Alles verstanden.«

»Ein Fehler, und es winkt für alle Beteiligten Gefängnis. Und der Colonel wird vermutlich unehrenhaft aus der U. S. Army entlassen, da er sich eines Dienstvergehens schuldig machte. Eines besonders schweren, weil es im sowjetischen Sektor erfolgte. Also bitte, halten Sie sich genauestens an die Verabredung.«

Ich wollte bei der Geldübergabe dabei sein, aber David verbot es mir, wir mussten jedes Aufsehen vermeiden. Doch an jenem Donnerstag war ich kurz vor elf in der Rosenthaler Straße und konnte sehen, wie der amerikanische Jeep in die Sophienstraße einbog. Tatsächlich saß Faro am Steuer des Wagens. Ich erkannte ihn nicht gleich, weil er ein Militärkäppi tief ins Gesicht gezogen hatte und eine Sonnenbrille trug. In einem Abstand von hundert Metern folgte ihnen ein Wagen der Volkspolizei, bog gleichfalls in die Sophien, stoppte kurz und fuhr dann in die Hausdurchfahrt, in der der Jeep verschwunden war. Am Abend erzählte mir David, es sei alles wie geplant verlaufen, er habe den Geldkoffer im benachbarten Haus an den Superintendenten übergeben und sei dann zu seinem Betrieb zurückgegangen, ohne dass ihn irgendwer aufgehalten habe.

»Das war eine der etwas leichteren Übungen«, meinte David und grinste.

Was für ihn die »schwereren Übungen« waren, wusste ich. David gehörte seit einigen Wochen zu einer Gruppe, die Menschen über die noch nicht verschlossenen und verrammelten Wege nach Westberlin schleuste. Ich hatte es, da wir uns nach wie vor ein Zimmer teilten, rasch herausgefunden, und er hatte es nicht bestritten, bat mich aber eindringlich, zu keinem ein Wort darüber zu sagen, auch nicht zu den Eltern. Das Schleusen werde mit mehreren Jahren Gefängnis bestraft. Als ich ihm sagte, ich würde gerne mitarbeiten und Aufträge übernehmen, schüttelte er den Kopf.

»Vergiss das, Kleiner. Es ist zu gefährlich. Und außerdem ist unsere Gruppe komplett, wir nehmen keinen mehr auf, keinen Einzigen, um nicht ein faules Ei ins Nest zu bekommen. Vergiss es. Vergiss es für alle Zeit.«

Ich vergaß es jedoch nicht. Über Lars hatte ich eine Gruppe kennengelernt, die fluchtwillige Leute aus der Provinz nach Berlin brachte und sie hier den Schleusern übergab, die von ihnen bezahlt werden mussten, und das waren, wie man mir sagte, deftige Beträge. Die Schleuser begleiteten sie unterirdisch über die Grenze, es waren vermutlich Angestellte aus dem Wasserwerk, die die unterirdischen Gänge kannten, den genauen Verlauf der gemauerten Tunnel unter der Stadt, ihre Abzweigungen und toten Winkel, und sie wussten auch, zu welchen Zeiten die einzelnen Stollen abgeschaltet wurden, damit sie gespült werden konnten.

Unsere Aufgabe war dagegen einfach und recht gefahrlos. Wir fuhren zu zweit mit einem geliehenen Auto zu Leuten, die fliehen wollten, aber befürchteten, in der Bahn mit ihrem Gepäck kontrolliert zu werden. Da sie den Staat für immer verlassen wollten, würden sie alle wichtigen Dokumente, persönlichen Papiere und die unverzichtbaren Kostbarkeiten einpacken, was bei einer Durchsuchung ihre Fluchtabsicht verraten würde.

Wir hatten genau auszurechnen, wann wir in Berlin loszufahren hatten, um zur vereinbarten Zeit und am festgelegten Platz den Schleuser zu treffen. Das musste von uns sehr genau und mit Pufferzeiten geplant werden, denn die Schleuser warteten nie länger als drei Minuten auf ihre Kunden, dann verschwanden sie in der Dunkelheit, und wir hatten die Leute in ihr Provinznest zurückzukutschieren.

Für das Einladen rechneten wir mit zwei Stunden, denn es war stets und immer das Gleiche: Alle wollten mit viel zu viel Gepäck über die Grenze. Einige glaubten sogar, dass wir ihnen den Grenzübertritt mit ein oder zwei Koffern ermöglichen könnten. Wir hatten ihnen klarzumachen, dass sie nicht in einem Reisebus in den Westen kutschiert würden, sondern gebückt durch kaum begehbare Kanäle krauchen müssten. Jeder müsse beide Hände frei haben, um sich in dem engen Gang abzustützen, und dürfe daher nur einen einzigen Rucksack als Gepäck bei sich haben, und zwar einen kleinen, denn durch den Tunnel komme man nicht mit einem größeren Rucksack.

Wenn wir ihnen das erklärt hatten, gab es häufig Tränen und Gejammer. Es dauerte, bis sie endlich nur das Allernotwendigste in einen Rucksack gepackt hatten. Für dieses Umpacken rechneten wir mit einer Stunde, nach dieser Zeit pochten wir auf die Uhr, wir durften nicht zu spät am Berliner Treffpunkt erscheinen.

Der Treff für die Übergabe war häufig die Kiefholzstraße, und dort waren es dunkle, laternenarme Abschnitte zwischen der Elsenstraße und der Wildenbruchstraße im Stadtteil Treptower Park. Die Uhrzeiten wechselten, lagen aber immer nach zweiundzwanzig Uhr. Wenn wir mit unseren Passagieren Berlin erreicht hatten, warteten wir auf einem Parkplatz in der Nähe des Ehrenmals, um dann minutengenau den vorgegebenen Platz der Übergabe zu erreichen. Nach einigen Sekunden erschien aus einer der Türöffnungen eine dunkel gekleidete Gestalt, trat an unseren Wagen und öffnete die hintere Tür. Er sagte zwei oder drei belanglose Worte, und einer von uns erwiderte daraufhin eine Antwort, die im Vorfeld als Code vereinbart worden war. Wir sagten unseren Passagieren, das Ziel sei erreicht, und forderten sie auf, auszusteigen und dem Mann zu folgen, wobei wir nicht zu ihm sahen und er nicht zu uns. Dann verschwand er mit ihnen, vermutlich führte er sie zu einem Einstieg in die Kanalisation.

Damit war unser Teil der Schleusung getan, und wir konnten nach Hause fahren. Es war nicht ungefährlich, auch nicht für uns, aber diese Aktionen bescherten uns ein Gefühl von Zufriedenheit, wir hatten uns wieder einmal gegen den Staat durchgesetzt, hatten uns gewehrt.

Meine kriminelle Phase endete plötzlich und unvorhergesehen, und sie endete vollständig und für immer am sechsundzwanzigsten September 1962.

Am vierundzwanzigsten und fünfundzwanzigsten September kam David nicht nach Hause. Sein Bett blieb unberührt, und die Eltern vermuteten, dass er bei einer Freundin übernachtete. Ich wusste es besser und ahnte Schlimmes, wollte die Eltern aber nicht beunruhigen und erzählte ihnen nichts von meinen Vermutungen.

Ich wusste, dass David am Montagabend wieder den Kurier gespielt hatte und einen Mann, der fliehen wollte, treffen sollte, um ihm Ort und Zeit zu nennen, und ich befürchtete, dass man meinen Bruder dabei geschnappt hatte.

Am Mittwoch, am sechsundzwanzigsten, war David wieder in unserer Wohnung. Den Eltern gegenüber deutete er an, tatsächlich und ganz überraschend mit einer Freundin eine kleine Urlaubsreise gemacht zu haben, da das Wetter an den beiden Tagen so angenehm war, und er entschuldigte sich bei ihnen, dass er sich nicht abgemeldet habe, aber alles sei auch für ihn selbst überraschend gekommen.

Als wir in unserem Zimmer waren, erzählte er mir, was tatsächlich vorgefallen war. Er hatte einem Lehrer die Daten für dessen Flucht zu überbringen. Der Mann wohnte in einer Wohnung im dritten Stock in der Belforter Straße.

Als er an dessen Wohnungstür klingelte, wurde die Tür aufgerissen und zwei Männer zogen David in die Wohnung. Im Wohnzimmer saß der völlig verängstigte Lehrer Brausche, den er zuvor nie gesehen hatte, und sah ihn flehentlich an. Die beiden Männer forderten David auf, seine Taschen vollständig zu leeren, und fragten ihn dann, ob er nicht noch etwas in den Taschen habe. Sie ließen sich seine Jacke geben und durchsuchten sämtliche Taschen. Dann hatte er seine Hose auszuziehen, die sie gleichfalls abtasteten und genauestens untersuchten. Schließlich wurde er aufgefordert zu erklären, wieso er zu Herrn Brausche gekommen sei.

David wusste, dass Brausche Altphilologe war und alte Sprachen unterrichtete, und da unter den Sachen, die er hatte auspacken müssen, auch das Buch *Politeia* dabei war, das griechische Original des *Staates* von Platon, erzählte er den Polizisten, er sei zu Herrn Brausche gekommen, weil er mit einigen Stellen in der Platon-Schrift Schwierigkeiten beim Übersetzen habe und von dem bekannten Griechischlehrer Hilfe erhoffe.

David sagte, er habe nichts dabeigehabt, was ihn hätte verraten können, darauf hatte er zuvor geachtet. Die Daten, die er Brausche überbringen sollte, hatte er sich eingeprägt. Die Polizisten nahmen ihn und den Lehrer trotzdem mit aufs Revier. Er kam in eine verdreckte Einzelzelle. Am ersten Tag wurde er dreimal zu einem Verhör aus der Zelle geholt und am zweiten Tag zweimal. Da sie aber nichts gegen ihn in der Hand hatten und der Lehrer Brausche sich wohl auch nicht verplappert hatte, mussten sie ihn heute wieder entlassen. Ob der Lehrer auch entlassen wurde, wisse er nicht. Er werde sich nie wieder bei ihm sehen lassen.

»Das heißt, ich bin verbrannt, Daniel, ich bin raus aus dem Geschäft. Fluchthilfe ist für mich nicht mehr drin. Sie werden mich von nun an im Auge behalten.«

»Vermutlich.«

»Ja, aber du bist auch verbrannt.«

»Was meinst du damit?«

»Halt mich nicht für blöd. Ich weiß doch, was ihr für Fahrten macht. Sie haben uns beide in Verdacht. Wenn ihr das nächste Mal mit Fahrgästen nach Berlin zurückkommt, stoppen sie euren Wagen. Und dann braucht ihr gar nichts zu erzählen, das Gepäck eurer Fahrgäste wird Bände sprechen.«

Ich atmete tief durch. Ich ahnte, dass er recht hatte.

»Ich hoffe, du hast verstanden, Daniel. Was dir anderenfalls winkt, sind drei bis vier Jahre Knast.«

Ich nickte und war entschlossen, auf ihn zu hören und die waghalsigen Fahrten nicht mehr zu unternehmen. Nie wieder.

Und es gab noch einen anderen Grund, weshalb ich meine Karriere als Gesetzesbrecher beendete.

Anfang September waren die neuen Lehrlinge in der Buchhandlung erschienen, drei Mädchen. Eine von ihnen hatte ich im August beim Sommerfest in der Klosterstraße gesehen. Sie hatte damals mehrmals zu mir geschaut, aber da immerzu Jungen um sie herumstanden, die mit ihr tanzen wollten, versuchte ich nicht, sie anzusprechen. Ich wollte mich nicht in diese Horde von Lackaffen mit ihren lächerlichen Boogie-Woogie-Frisuren einreihen, und so betrachtete ich das Mädchen nur aus der Ferne. Und nun war sie plötzlich in meiner Buchhandlung erschienen und künftig eine Kollegin von mir.

Sie begrüßte mich sehr freundlich und fragte, ob ich mich noch an sie erinnere, wir seien vor ein paar Wochen zusammen auf einem Sommerfest gewesen. Ich dachte an die Lackaffen, mit denen sie sich damals abgegeben hatte, und erwiderte, ich könne mich nicht daran erinnern.

Das Mädchen, sie hieß Christiane, erzählte mir, dass sie nach der Lehre in Babelsberg an der Filmhochschule studieren werde, weil sie Regisseurin für Dokumentarfilme werde. Sie fragte mich, ob ich auch etwas studieren werde.

»Ja«, sagte ich knapp.

»Und was wirst du studieren?«

»Muss ich sehen. Das hängt nicht allein von mir ab, denn ich weiß noch nicht, ob man mir ein Studium erlaubt.«

»Hast du was ausgefressen?«

»Irgendwer ganz oben ist offenbar dieser Meinung. Ich war in Westberlin auf dem Gymnasium, weil ich hier nicht auf die Oberschule gehen durfte.«

Dann erschien Frau Grützke und rief Christiane und die anderen beiden Neuen zu sich.

Eine Woche später, kurz vor meinem Dienstende, ging ich in den kleinen Aufenthaltsraum, in dem man essen konnte und wo ich nach wie vor frühmorgens die Abrechnung für die ganze Buchhandlung machte, um dann zwei Stunden lang Bücher zu lesen. Ich öffnete die Tür, schaute in das Zimmer und fragte: »Kommt jemand mit ins Kino?«

Nichts an meiner Frage war ungewöhnlich, bemerkenswert allerdings war, dass in dem Zimmer nur eine einzige Person saß. Und Christiane sagte sofort: »Ja, gern, ich komme mit.«

Und damit begann eine andere Geschichte.

Eine ganz andere Geschichte.

Finis

Inhalt